Eine ostasiatische Kritik an Max Webers Rationalisierungskonzept
(und der damit verbundenen Modernisierungstheorie)

Europäische Hochschulschriften

Publications Universitaires Européennes
European University Studies

Reihe XX
Philosophie

Série XX Series XX
Philosophie
Philosophy

Bd./Vol. 545

PETER LANG
Frankfurt am Main · Berlin · Bern · New York · Paris · Wien

Hyung Gyun Lee

Eine ostasiatische Kritik an Max Webers Rationalisierungskonzept (und der damit verbundenen Modernisierungstheorie)

Am Beispiel konfuzianischer Ethik und ostasiatischer Rationalisierung

PETER LANG
Europäischer Verlag der Wissenschaften

Die Deutsche Bibliothek - CIP-Einheitsaufnahme

Lee, Hyung Gyun:

Eine ostasiatische Kritik an Max Webers Rationalisierungskonzept (und der damit verbundenen Modernisierungstheorie) : am Beispiel konfuzianischer Ethik und ostasiatischer Rationalisierung / Hyung Gyun Lee. - Frankfurt am Main ; Berlin ; Bern ; New York ; Paris ; Wien : Lang, 1997
(Europäische Hochschulschriften : Reihe 20, Philosophie ; Bd. 545)
Zugl.: Berlin, Freie Univ., Diss., 1997
ISBN 3-631-32573-8

D 188
ISSN 0721-3417
ISBN 3-631-32573-8

Vorwort

Die vorliegende Arbeit wurde im Sommersemester 1997 vom Fachbereich Politische Wissenschaft der Freien Universität Berlin als Dissertation angenommen. An dieser Stelle möchte ich Herrn Prof.Dr. Wolf-Dieter Narr für seine Bereitschaft danken, dieses Thema im Rahmen einer Dissertation zu betreuen. Dank schulde ich meiner Frau Dong On Kim und meiner Mutter.

Berlin, im Juli 1997

Hyung Gyun LEE

Inhalt

Teil II

Die konfuzianische Ethik und die Entwicklung des Menschentums in Ostasien

Teil III

Gesellschaftliche Rationalisierung in Ostasien

0. Einleitung

Max Webers Gesellschaftsbild geht vom Individualismus und zwar vom versachlichten Menschen aus. In seiner Analyse ist der Kollektivismus zu einer gesellschaftlichen Rationalisierung nicht fähig. Denn für diesen Prozeß unterstreicht Weber die Bedingung des »historischen Individuums«[1] als »ein Komplex von Zusammenhängen in der geschichtlichen Wirklichkeit.« Er macht das okzidentale »historische Individuum«, das nach dem Zweck-Mittel-Schema handelt, für die Eigenart der okzidentalen Rationalität verantwortlich. Weber beschränkt die Aufgabe der gesellschaftlichen Rationalisierung auf die Erklärung sozialen Handelns - kein kollektivistisches Handeln, sondern individuelles Handeln. Das Rationalisierungskonzept Webers, unter welcher Disposition rationalisiert wird, ist bis heute anerkannt. Die gesellschaftliche Rationalisierung von Weber ist eine »Institutionalisierung zweckrationalen Handelns«[2] zu nennen, unter der sich das zweckrationale Handeln vollzieht und in deren Rahmen sich das Handeln wertrational an der legitimen Ordnung orientiert. Weber sieht in diesem zweckrationalen Handeln das subjektiv sinnvolle Handeln als einen Komplex von Zielen und Mitteln. Davon unter-

---

1) S.30, RS I.
2) S.300, Habermas 1988.

scheidet er zur Rationalisierung das Kollektivgebilde, das das subjektive Handeln beeinflußt.

Nach Weber kann sich gesellschaftliche Rationalisierung in verschiedenen Kulturen in verschiedenem Grad vollziehen.[3] Zwar erkennt er den Rationalisierungsgrad anderer Kulturen an, jedoch versucht er bestimmte *konstitutive* Komponenten der gesellschaftlichen Rationalisierung zu erklären; »die besondere Eigenart des okzidentalen und, innerhalb dieses, des modernen okzidentalen, Rationalismus zu erkennen und in ihrer Entstehung zu erklären.«[4] Die gesellschaftliche Rationalisierung Webers basiert auf dem Zweck-Mittel-Schema, das den Individualismus und den versachlichten Menschen voraussetzt. Es ist fraglich, ob gesellschaftliche Rationalisierung nur unter der Voraussetzung des Individualismus und des individuellen Handelns möglich ist. Angesichts der sehr dynamischen Rationalisierung Ostasiens wird der individualistische Ansatz neuerdings in Frage gestellt, da sie nicht unter den Bedingungen eines absoluten Individualismus erfolgt ist, sondern im Zeichen des Kollektivismus. Ich stelle die Frage, ob gesellschaftliche Rationalisierung nur unter dem individuellem Tatbestand und unter dem versachlichten Menschen möglich ist oder ob sie nicht auch Mithilfe eines kollektivistischen Ansatzes zu erreichen ist.

Zwischen dem 16. und 18. Jahrhundert kam es im Okzident zu einer breit wirksamen Rationalisierungstendenz. Weber geht davon aus, daß diese gesellschaftliche Rationalisierung, die unter bestimmten Voraussetzungen abgelaufen ist, nur in der europäischen Kultur möglich war, daß »die kulturwissenschaftliche Erkenntnis in unserem Sinn also insofern an 'subjektive' Voraussetzungen gebunden [ist], als sie sich nur um diejenigen Bestandteile der Wirklichkeit kümmert, welche irgend eine -noch so indirekte- Beziehung zu Vorgängen haben, denen wir Kulturbedeutung

---

3) S.11f, RS I.
4) S.12, RS I.

beilegen.«[5] Hier konzentriert sich Weber darauf, die bestimmten Bedingungen herauszufiltern und zu konkretisieren, warum sich nur der Okzident und vor allem das neuzeitliche Westeuropa zu einer spezifisch rationalen Kultur von universalhistorischer Tragweite entwickelt hat, weshalb nur im Okzident eine rationale Wissenschaft und Technik, ein rationaler Industriekapitalismus und eine rationale Arbeitshaltung und warum nur hier eine rationalbürokratische Organisation des Staates und der gesellschaftlichen Verbände entstanden ist. Zugleich versucht Weber aufzuklären, warum sich die chinesische, die indische und die antike nahöstliche Zivilisation nicht in dieselbe Richtung der Rationalisierung bewegt haben. Er gibt in diesem Zusammenhang zu, daß es Rationalisierung in allen Zivilisationen, jedoch in unterschiedlicher Gewichtung und Ausprägung gibt.[6] Aber jedesmal fehlt wenigstens eine Komponente, die charakteristisch ist für die okzidentale Rationalisierung. Weber führt die Rationalisierung definitiv auf bestimmte Komponenten zurück, nämlich auf das besonders individuelle Handeln und auf die »bestimmten Arten praktisch-rationaler Lebensführung«, die das zweckrationale Handeln führt. Darum konzentriert er sich in der Entwicklung der gesellschaftlichen Rationalisierung im Okzident auf die Entwicklung des individuell handelnden Menschentums.

In jüngster Zeit hat die ungewöhnliche Dynamik der ostasiatischen Welt Eingang in das rationale Gesellschaftsbild gefunden. Die ostasiatische Rationalisierungstendenz ist nicht nur in wirtschaftlicher, sondern auch in sozialer Hinsicht außerordentlich zu nennen. Angesichts dieser dynamischen Entwicklung ist zu fragen, was die ostasiatische Dynamik antreibt oder ob gesellschaftliche Rationalisierung wirklich

---

5) S.182, WL.

6) Max Weber spricht häufig von der Rationalität des antiken Judentums (WG, S.367, S.372), des Konfuzianismus (RS I, S.452, 512-536) und von der Rationalisierung der mystischen Kontemplation (S.11, RS I).

nur für einige bestimmte Elemente, eine bestimmte Welt geeignet ist und wie dann die ostasiatische Rationalisierung zu erklären ist. Rationalisierung nennt Weber die praktische Beherrschung der Realität, die hauptsächlich als Handlungsrationalität bezeichnet wird, d.h. die rationale Deutbarkeit des Handelns einzelner Individuen und der Regelmäßigkeit des Handelns. Von hier aus reduziert Weber das »soziale Gebilde« auf das Handeln der beteiligten Einzelmenschen. In der Entstehung der Rationalität in Ostasien tauchen jedoch Zweifel an dem individualistischen Ansatz Webers auf. Nur mit seiner Sicht des Rationalisierungskonzepts ist die heutige ostasiatische Rationalisierung nicht zu erklären. Weber hält nur das Zweck-Mittel-Schema einer teleologisch vorgestellten sozialen Handlung für einen rationalisierungsfähigen Aspekt. Der Träger des sozialen Handelns ist bei ihm hauptsächlich das versachlichte Menschentum. Der versachlichte Mensch ist nach Weber für die Rationalisierung nur das mechanisch-instrumentelle Individuum, das von der protestantischen Ethik geprägt ist. Das mechanisch-instrumentelle Individuum handelt zweckrational und wertrational, das heißt, daß es frei und nach eigenen Interesse handelt. Unter dem mechanisch-instrumentellen Maßstab des Zweck-Mittel-Schemas werden Menschen lediglich als Mittel für die Durchsetzung eigener Zwecke oder als Bedingungsfaktoren des eigenen Handelns betrachtet.

Seit der zweiten Hälfte dieses Jahrhunderts setzen die ostasiatischen Gesellschaften -Südkorea, Taiwan und Singapur- zur gesellschaftlichen Rationalisierung an (Japan schon seit Ende des 19.Jahrhundts.). Weber bezweifelt die Rationalisierungsfähigkeit der konfuzianischen Kultur. Im Abschnitt »Resultat: Konfuzianismus und Puritanismus« der Religionssoziologie hält er fest, daß klar geworden sei, daß im »Zaubergarten« der ostasiatischen Religionen »eine rationale Wirtschaft und Technik moderner okzidentaler Art einfach ausgeschlossen ist.«[7] Dieses Untersuchungsergebnis

---

7) S.513, RS I.

darf mittlerweile als widerlegt gelten[8] - besonders, was Webers Diktum eines »Fehlen[s] aller natruwissenschaftlichen Kenntnis«[9] betrifft. Abgesehen von diesem Ergebnis ist die konfuzianische Welt nicht nur ein »Zaubergarten«, nicht nur die »bloße Ethik der Anpassung«, die »die Menschen höchst absichtvoll in ihren naturgewachsenen oder in den durch die sozialen Über- und Unterordnungsverhältnisse vorgegebenen persönlichen Beziehungen«[10] beläßt. Webers Untersuchungsergebnis über den Konfuzianismus und Taoismus scheint teilweise plausibel zu sein, da in der ostasiatischen Kultur keine endogene gesellschaftliche Rationalisierung entstehen konnte.[11] Es gab in der konfuzianischen Gesellschaft keine Komponente zur gesellschaftlichen Rationalisierung, beispielsweise kein formales Recht, kein Subjekt, infolgedessen kein soziales Handeln, das nach dem Zweck-Mittel-Schema handelt, und keine gesetzte Rechtsordnung, die die Regelmäßigkeit menschlichen Handelns leitet. Der Anstoß für die Entstehung des Kapitalismus und dem rationalen Herrschaftssystems in Ostasien wurde tatsächlich durch den Westen gegeben. Die Rationalisierung konnte in den ostasiatischen Ländern durch die Übernahme des okzidentalen Organisationsstystems, des Rechtssystems u.a. erfolgen. Dabei hat das okzidentale Rechtssystem eine besondere Rolle gespielt. Das europäische Rechtssystem ist in Ostasien nicht nur eine Rechtsordnung als »Komplex von faktischen Bestimmungsgrund realen menschlichen Handelns«[12] im gesellschaftlichen Rationalisierungsprozeß, sondern hat auch eine wichtige Bedeutung für die konfuziani-

---

8) Needham kam zum Ergebnis, daß die Chinesen zwischen dem 1. Jahrhunder v. Chr. und dem 15. Jahrhundert n. Chr. in der Entwicklung des theoretischen Wissens und in der Nutzung dieses Wissens für praktische Bedürfnisse offenbar erfolgreicher gewesen sind als der Okzident. (J.Needham 1979) Vgl. 70f, Breuer 1984a; S.290, Habermas 1988; 7f, Nelson 1986.

9) S.513, RS I.

10) S.527, RS I.

11) Jedoch muß hier Max Webers Interpretation der konfuzianischen Ethik neu interpretiert werden.

12) S.181, WG.

sche Welt. Das Recht hat die traditionellen Fesseln befreit, das heißt, daß in Ostasien mit seiner Durchsetzung die Bedeutung des subjektiven Individuums etabliert wurde. Trotzdem muß man untersuchen, ob die gesellschaftliche Wandlung nach dem Rationalisierungskonzept von Weber verlaufen ist. Das übernommene Recht war Geburtshelfer zur Entstehung des Individuums. Es ist aber fraglich, ob das ostasiatische Individuum nur individualistisch handelt. Im Modernisierungsprozeß nahmen ostasiatische Länder in ihrer konfuzianischen Tradition das okzidentale Organisationsystem auf. Das Problem einer Anwendung von Webers Rationalisierungskonzept auf Ostasien liegt also darin, daß dort die gesellschaftliche Rationalisierung auf der Basis einer eigenen Kultur angetrieben wird, in der der Mensch nicht nur wie im Okzident im Individualismus steht, sondern wo auch das Kollektiv das Handeln des Menschen beeinflußt. Nachdem in Ostasien die gesellschaftliche Rationalisierung einen erfolgreichen Weg gegangen ist, wird das Fundament von Webers Rationalisierungskonzept in Frage gestellt, weil Weber die Rationalisierung unter Kollektivität für unmöglich hielt.

Max Weber spricht der gesellschaftlichen Rationalisierung eine kulturethische Komponente zu und führt sie auf die »Entwicklung des okzidentalen Menschentums«[13], folglich auf das mechanisch-individuelle Handeln zurück. Darum ist die »Entwicklung des Menschentums« für ihn von zentralem[14] Interesse. Seine Analyse der Wahlverwandtschaft zwischen europäischem Menschentum und Rationalisierung gibt einen Einblick in die Entwicklung der okzidentalen Rationalisierung. Er macht die Entstehung der gesellschaftlichen Rationalisierung von der »Fähigkeit und Disposition der Menschen zu bestimmten Arten praktisch-rationaler Lebensführung«[15], genauer: von der Eigenart des okzi-

---

13) S.303, PE II.

14) S.21f, Hennis 1987. Max Weber konzentriert sich also auf das von der Religiösität entwickelte Menschentum.

15) S.12, RS I.

dentalen Menschentums abhängig und sagt, daß die rationalen Begriffe exklusiv okzidentale Eigenarten sind.[16] Webers zentrales Thema ist daher, wie Hennis bemerkt hat, »nicht irgendein Rationalisierungsprozeß 'überhaupt', sondern der Prozeß der Rationalisierung der 'praktischen Lebensführung'«. Das heißt also, daß Webers zentrales Interesse auf die Entwicklung des Menschentums zielt. Hennis schreibt, daß Weber die gesellschaftliche Rationalisierung auf »die in der Folge der Lebensführungs-Rationalisierung eingetretene 'fachmenschliche Verengung', die 'kühle und menschlichkeitsfremde Sachlichkeit', die 'mechanisierte Versteinerung', die dem längst nicht mehr auf religiöser, sondern siegreich auf mechanischer Grundlage ruhenden Kapitalismus innewohnende 'Konsequenz' für die im 'Gehäuse' der Modernität lebenden Menschen!«[17] zurückführt. In diesem Zusammenhang wird oft davon gesprochen, daß das ostasiatische Menschentum und die heutige ostasiatische Entwicklung der gesellschaftlichen Rationalisierung auf den Konfuzianismus zurückzuführen sind. Was aber ist die ostasiatische Ethik und warum konnte sich Ostasien nicht selbst rationalisieren? Weber schätzt zwar einige Seiten der ostasiatischen Gesellschaft richtig ein, er beurteilt jedoch insbesondere die Entwicklung des konfuzianischen Menschentums nicht richtig. Zunächst muß die Interpretation Webers über den Konfuzianismus korrigiert werden. Das ostasiatische Leben unter der konfuzianischen Ethik ist nicht nur ein »Zaubergarten«, sondern viel mehr ein sublimiertes, systematisiertes menschliches Handeln. Ein Auffasen der ostasiatischen Welt als »Zaubergarten« blockiert das Verständnis der heutigen ostasiatischen gesellschaftlichen Entwicklung. Weber nennt die konfuzianische Ethik eine »'organische' Sozialethik, welche in mannigfachen Formen verbreitet ist und deren Berufskonzeptionen das prinzipiell wichtigste Gegenbild gegen den Berufsgedanken der innerweltlichen Askese bildeten.«[18]

---

16) S.2f, RS I.
17) S.34, Hennis 1987.
18) S.551, RS I.

Er beurteilt die »organische Sozialethik«, die »auf dem Boden der 'Brüderlichkeit'«[19] steht, sehr mißtrauisch in bezug auf ihr Rationalisierungspotential.[20] Die konfuzianische Ethik scheint nur eine »organische Sozialethik« zu sein, jedoch ist sie eigentlich nicht nur eine »organische Sozialethik«. Sie mußte aufgrund eines Mangels der gesetzlichen Durchsetzbarkeit in der konfuzianischen Gesellschaft die Rolle einer »organischen Sozialethik« spielen. Das Problem von Webers Rationalisierungskonzept in Ostasien liegt jedoch nicht darin, daß er sich über die ostasiatische Kultur nicht richtig informiert oder sie falsch eingeschätzt hat, sondern darin, daß die Gesellschaft auch im Rahmen der ostasiatischen Kultur rationalisiert werden kann. Entscheidend an der ostasiatischen Rationalisierung ist, daß sie unter dem Signum des Kollektivismus vollzogen wurde. Nach Webers Studie über die gesellschaftliche Rationalisierung ist die konfuzianische »Brüderlichkeit«, im Sinne Dahrendorfs »Ligaturen«[21]-Handeln, mit individuellen Werten unvereinbar. Die konfuzianische »Brüderlichkeit« ist das Zeichen der Werturteile im ostasiatischen menschlichen Handeln. Trotzdem zeigt die ostasiatische Rationalisierung, daß Rationalisierung mit einer kollektivistischen Vorgehensweise vereinbar ist. Der Konfuzianismus enthält mit dem »Ren« ebenso eine innerweltliche asketische Ethik, die Weber für eine zur Entwicklung des kühlen und menschlichkeitsfremden Menschentums wichtige Komponente

19) S.551, RS I.

20) Ich stimme zu, daß nur durch die radikale »organische Sozialethik« allein Gesellschaft nicht rationalisiert werden kann. Faktisch ist die konfuzianische Ethik nicht nur »organische Sozialethik«, sondern auch *dualistische* Sozialethik, die innerliche Triebfeder zur Entwicklung des rationalen Menschentums und organischer Brüderlichkeit. Die innerliche Triebfeder, beispielsweise die protestantische Askese, ist ein wichtiger Faktor zur gesellschaftlichen Rationalisierung, jedoch braucht man nicht, wie Max Weber, die Brüderlichkeit von Ethik der Rationalisierung absolut abzutrennen und zu vertreiben, wie die gesellschaftliche Rationalisierung in Ostasien zeigt.

21) S.50f, 113f, Dahrendorf 1979.

hält wie der Protestantismus. Jedoch ist die konfuzianische Ethik dualistisch auf innerliche asketische Werte und auf »intimste Tendenzen«[22] konzentriert. Weber zieht in seiner »Zwischenbetrachtung«[23] den Schluß, daß die Ethik der »Brüderlichkeit« oder der »Nächstenliebe« zu einem nicht-weltlichen Wertsystem qualifiziert wird. Er betrachtet also die okzidentale gesellschaftliche Rationalisierung nur aus der Sicht des mechanisierten Handelns und spricht in der Konsequenz in bezug auf die moderne rationale Gesellschaft von den »kalten Skeletthänden rationaler Ordnungen.«[24] Es ist fraglich, ob Rationalisierung nur durch das brüderlichkeitsfremde Zweck-Mittel-Schema erfolgen kann. Beispielsweise ist in Ostasien der transformative Durchbruch im konfuzianischen Menschenbild und in den konfuzianischen »intimen« Strukturen gelungen.[25] In dieser Abhandlung möchte ich anhand von Webers Rationalisierungskonzept die ostasiatische gesellschaftliche Rationalisierung vergleichend untersuchen. Die ostasiatischen Rationalisierungstendenzen in Japan, Südkorea, Taiwan und Singapur, deren Entwicklung des Menschentums vom Konfuzianismus beeinflußt ist[26], sollen im Hinblick auf Webers Rationalisierungskonzept kritisch betrachtet werden. Ich möchte, mit Hennis' Interpretation über Webers Frage

---

22) S.513, RS I.

23) S.536f, RS I.

24) S.561, RS I.

25) Die traditionelle ostasiatische Sozialintegration ist im Rationalisierungsprozeß bis heute nicht aufgelöst. Nakane erläutert dies so: »Im Zuge der Modernisierung hat Japan viele Elemente westlicher Kultur importiert, aber diese waren und sind stets partiell und segmentär und bilden nie ein funktionierendes System. Es ist wie bei einer Sprache mit ihrer ureigenen Struktur oder Grammatik, über die sich eine breite Schicht von Fremdwörtern gelegt hat; während die japanische Gesellschaft äußerlich im Laufe der letzten hundert Jahre drastische Veränderungen erfahren hat, wurde die grundlegende soziale Grammatik kaum berührt. Dies ist ein Beispiel für Industrialisierung und den Import westlicher Kultur ohne Änderungen in der kulturellen Grundstruktur.« (S.200, Nakane 1985)

26) Ich gehe davon aus, daß Korea, Japan, Taiwan und Singapur konfuzianische Länder sind und in diesen Ländern die konfuzianische Ethik menschliches Handeln beeinflußt hat.

nach der Gewichtigkeit der Entwicklung des Menschentums zur praktischen Lebensführung, darauf eingehen, wie sich das ostasiatische Menschentum entwickelt hat. Desweiteren darauf, inwieweit das von konfuzianischer Ethik entwickelte Menschentum zur gesellschaftlichen Rationalisierung anders als in Webers Rationalisierungskonzept eingesetzt ist. Mit dem Kollektivismus und dem »Ligaturen«-Handeln führt die konfuzianische Welt zur rationalen Gesellschaft. Jedoch gehe ich in dieser Abhandlung nicht von der postmodernen Perspektive aus, die auf die Substitution von Ethik durch Ästhetik zielt, sondern von der modernen Perspektive. Das menschliche Handeln ist ein in der konfuzianischen Ethik sublimiertes, systematisiertes Handeln. Ich glaube nicht, daß Ethik durch Ästhetik ersetzt werden kann. Ich beschränke besonders die kollektivistische Vorgehensweise nur auf das »Ligaturen«-Handeln oder auf die konfuzianische »Brüderlichkeit«.

Im ersten Teil leite ich Webers Rationalitätsbegriff her. Seine Hauptfrage im Zusammenhang mit der Rationalität ist, wie die Rationalität, besonders im Okzident, in das praktische Leben gelangt ist[27].

---

27) Hier ist umstritten, was das Hauptthema Max Webers ist. Ein häufiges Mißverständnis bei Max Webers Religionsoziologie ist, daß die protestantische Askese die Ursache für die Entwicklung des Kapitalismus gewesen sei. Max Weber ging es nicht um eine Aufklärung der Entstehung des modernen Kapitalismus: »Es scheint also, als sei die Entwicklung des 'kapitalistischen Geistes' am einfachsten als Teilerscheinung in der Gesamtentwicklung des Rationalismus zu verstehen.« (S.61, RS I) Einige Autoren behaupten, daß die Rationalisierung das Hauptthema Max Webers sei. (35f, Landshut 1969; S.8, Weiß 1989: Zur Einführung; S.677f, Tenbruck 1975) Dagegen behauptet Hennis, daß es hauptsächlich um die »Entwicklung des Menschentums« gehe. Es geht Hennis darum, daß »sowenig wie Webers 'zentrales' Erkenntnisinteresse auf den immer wieder berufenen Rationalisierungsprozeß 'überhaupt' geht, ging es aber um den Rationalisierungsprozeß der praktischen Lebensführung als solchen. Wir brauchen nicht mehr lange drum herum zu reden: Es war die in der Folge der Lebensführungs-Rationalisierung eingetretene 'fachmenschliche Verengung', die 'kühle und menschlichkeitsfremde Sachlichkeit', die 'mechanisierte

Webers Rationalität ist eine praktische Rationalität. Sie heißt hier, daß berechenbar ist, wie das alltägliche Leben geführt wird. Das Ziel von Webers Werk ist die möglichst genaue begriffliche Erfassung der spezifischen Ausprägung der Rationalität in Zentralbereichen der modernen okzidentalen Gesellschaft. In diesem Zusammenhang liegt das soziale Handeln. Jedoch unterstreicht Weber nicht nur das Zweck-Mittel-Handeln, sondern auch die legitime Ordnung. »Handeln, insbesondere soziales Handeln und hier insbesondere die soziale Beziehung, können von Seiten der Beteiligten an der Vorstellung des Bestehen einer legitimen Ordnung orientiert werden.«[28] Die Triebfeder der okzidentalen Rationalisierung findet Weber in der protestantisch-asketischen Ethik. Die asketische Ethik hat zur Entwicklung des »kühlen«, »menschlichkeitsfremden« sozialen Handelns beigetragen. Daher ist die Hauptfragestellung Webers in bezug auf die okzidentale Rationalisierung, wie sich das rationale Menschentum entwickelte[29]. Es scheint, daß Weber die Entwicklung des Menschentums durch die protestantische Ethik der Ordnung als »Bestimmungsgrund realen menschlichen Handelns« vorzieht. Jedoch erfolgt die gesellschaftliche Rationalisierung nicht ohne die Rechtsordnung als legitime Ordnung, wie man am Beispiel Ostasiens sehen kann.

Im zweiten Teil wird dargestellt, wie sich die ostasiatische Ethik, überwiegend die konfuzianische Ethik, sozialgeschichtlich entwickelte und was sie für eine Rolle in der Entwicklung des Menschentums im Vergleich zur protestantischen Ethik gespielt hat.[30] Faktisch hat der Konfuzianismus 2000 Jahre lang die

---

Versteinerung', die dem längst nicht mehr auf religiöser, sondern siegreich auf mechanischer Grundlage ruhenden Kapitalismus innewohnende 'Konsequenz' für die im 'Gehäuse' der Modernität lebenden Menschen.« (S.34, Hennis 1987)

28) S.16, WG.

29) Hennis 1987.

30) In wiefern die konfuzianische Ethik zur Entwicklung des Menschentums beigetragen hat, kann im Vergleich mit der protestantischen Ethik am besten beantwortet werden.

ostasiatische Gesellschaft beeinflußt.[31] Hierzu möchte ich hervorheben, worin Webers Fehleinschätzung der konfuzianischen Ethik besteht, die auf die jüngste gesellschaftliche Entwicklung gewirkt hat.[32] »Kultur« wird bei Weber gesehen als »ein Heraustreten des Menschen aus dem organisch vorgezeichneten Kreislauf des natürlichen Lebens.«[33] Die ostasiatische Kultur hat das ostasiatische Menschentum geschaffen,

---

31) Die sog. NIC (Newly Industrializing Countries)-Länder Ostasiens -Taiwan, SüdKorea, Singapur- und Japan sind von der konfuzianischen Kultur beeinflußt. Ich gehe davon aus, daß diese Länder, trotz der unterschiedlichen eigenen Kulturen zwischen den konfuzianischen Länder, z.B. mit dem Schintoismus in Japan, auch unterschiedlicher Verwaltungssysteme, hauptsächlich von der konfuzianischen Ethik beeinflußt worden sind, und Menschen eine die zum rationalen Handeln bewegende Ethik in Ostasien nur die konfuzianische Ethik ist.

32) Max Weber verstand die vielen Seiten des Konfuzianismus nicht richtig. Die Meinungen über die schnelle gesellschaftliche Entwicklung in Ostasien sind selbst in Ostasien vielfältig. Gegen Webers Behauptung ist oft gesagt worden, daß für die dynamische wirtschaftliche Entwicklung in Ostasien die konfuzianische Ethik verantwortlich sei. Für die Seite der Wirtschaftsentwicklung wurde oft argumentiert, daß sie besonders auf die Rolle des autoritären Staates, und zwar sog. »Entwicklungsdiktatur«, zurückgeführt werden könnte. (Vgl. B.-D. Hwang 1989, besonders 150ff; Weede 1988, S.181 Fußnote 9.) Es scheint, als sei es kein Wunder, daß der autoritäre Staat ein eigenartiges konfuzianische Phänomen ist. Sicherlich ist die Geschichte der ostasiatischen Gesellschaft durch ein im Vergleich zu europäischen Ländern äußerst großes Gewicht der staatlichen Zentralgewalt gekennzeichnet. Zufällig entwickelte sich auch in Ostasien die schnelle Wirtschaftsentwicklung unter dem diktatorischen *starken Staat* in Südkorea unter Präsident Park Chung-Hee (1961-1979), in Taiwan unter dem Kuomintang-Regime des Chiang Kai-Sheck (1950-1975) und in Singapur unter Lee Kwang-Yew (1959-1990). In Japan unter der sogenannten Meiji-Restauration (1867/1868), die eine intensive gesellschaftliche Dynamik geführt hat und unter dem staatlichen Apparat des Tokugawa-Regimes verlief. Mit dieser Ansicht kann die ostasiatische Entwicklung nicht aufklärt werden. Ich sehe hier, daß zur Aufklärung der erfolgreichen gesellschaftlichen Modernisierung in Ostasien, der soziokulturelle Ansatz wie bei Max Weber am ehesten berechtigt ist.

33) S.570, RS I. Oder »'Kultur' ist ein vom Standpunkt des Menschen aus mit Sinn und Bedeutung bedachter endlicher Ausschnitt aus der sinnlosen Unendlichkeit des Weltgeschehens.« (S.180, WL)

das aus dem sinnlosen Kreislauf des natürlichen Lebens herausgetreten ist. In Ostasien entstand der Konfuzianismus unter anderen geographischen Umständen und spielte eine besondere Rolle in der Entstehung kollektivistischen Handelns und der traditionellen Ordnung. Hier wird betont, daß der Konfuzianismus dualistisch wirkt: Als Triebfeder innerlicher Askese und intimer Strukturen. Die konfuzianische Ethik steht eher auf dem Boden der »organischen« Eigenschaft[34] als auf dem der innerlichen Askese. Diese »organische« Eigenschaft im Konfuzianismus ist nicht ein sinnloser »Kreislauf des natürlichen Lebens«, sondern eine systemsteigernde Eigenschaft, die in konsequenter Weise die ostasiatische Rationalisierung abweichend von Webers Rationalisierungskonzept herbeiführt.

Im dritten Teil gehe ich darauf ein, wie die ostasiatische Gesellschaft im Vergleich zum Okzident rationalisiert worden ist. Ostasien weist das sog. einheimische »Ligaturen«-Handeln auf, das Weber als für die gesellschaftliche Rationalisierung ungeeignet hält. Der dauerhafte Bestand der Gesellschaft konnte durch die ostasiatische Ordnung ermöglicht werden. Sie konnte jedoch die Regelmäßigkeit menschlichen Handelns nicht ständig sichern. Daß in diesen Verhältnissen Ostasien den Rationalisierungsweg gehen konnte, war ein Anstoß des Okzidents. Das okzidentale Recht hat dazu beigetragen, in der traditionellen ostasiatischen Gesellschaft den Individualismus entstehen zu lassen. Jedoch ist das menschliche Handeln nicht »kühl« und »menschlichkeitsfremd«, wie in Webers Rationalisierungskonzept, und das menschliche Handeln kann nicht auf das Kollektivgebilde verzichten. Trotz einer rationalen Gesellschaft ist die ostasiatische Gesellschaft nicht unter dem Zeichen des versachlichten Menschentums erfolgt. Zum Schluß habe ich eine ostasiatische Schlußfolgerung aus der gesellschaftlichen Rationalisierung Ostasiens gezogen.

---

34) Ich meine die »Nächstenliebe«, substantielle Solidarität, »Ligaturen« (Dahrendorf) oder »Brüderlichkeit«.

Teil I

Max Webers Rationalisierungskonzept

I. Max Webers Rationalitätsbegriff

1. Rationalität bei Max Weber

Der Begriff der Rationalität ist sehr vielfältig. Zu viele Sonderbegriffe, unterschiedliche substantielle, formale, materiale und methodische Konzepte werden von den verschiedenen Interpreten gebraucht. Daher kann von einer klaren Bedeutung des Begriffs keine Rede sein. Der Begriff Rationalität - oder in der prozessualisierenden Form Rationalisierung - zieht sich durch sämtliche Arbeiten Webers. Er bietet jedoch keine zusammenfassende und bündige Darstellung der Rationalität, sondern erinnert daran, daß »'Rationalismus' etwas sehr Verschiedenes bedeuten kann.«[35] Trotz der nicht ausreichenden Definition hat Rationalität bei Weber eine besondere Bedeutung, nämlich die okzidentale Gesellschaft zu analysieren.[36] Weber hat die Zeichen der okzidentalen Gesellschaftsentwicklung im Begriff der Rationalisierung zusammengefaßt. Er erläutert den Begriff der Rationalität mit

35) S.265, RS I.

36) Max Weber geht in seiner Analyse der okzidentalen Gesellschaft davon aus, daß die okzidentale Gesellschaft berechenbar sei. Wodurch die Gesellschaft berechenbar wird, stellt bei Max Webers Rationalisierungskonzept die wichtige Komponente zur Analyse der gesellschaftlichen Rationalisierung dar.

Hilfe des Begriffs der Berechenbarkeit; Dinge durch Berechnung zu beherrschen, »theoretische Beherrschung der Realität durch zunehmend präzise abstrakte Begriffe, -oder vielmehr an die Rationalisierung im Sinne der methodischen Erreichung eines bestimmten gegebenen praktischen Zieles durch immer präzisere Berechnung der adäquaten Mittel.«[37] Die okzidentale Gesellschaft hat allmählich die »natürlich gegebenen 'organischen' Schranken der menschlichen Person«[38] beseitigt, und die Berechenbarkeit ist bis in die Lebensbereiche verbreitet. Bei Weber handelt es sich bei der Rationalität um das alltägliche Leben des Wissens und Glaubens.[39] Im Sinne Webers besagt Ratio-

37) S.266, RS I. Aufgrund des Fehlens einer zusammenfassenden und bündigen Darstellung ist der Webers Begriff der Rationalität verschieden interpretiert worden (vgl. S.239-252, Habermas 1988; R.Döbert 1989; Schluchter 1979). Viele Autoren möchten Rationalität auf formale Folgerungsverfahren oder effizienten Mitteleinsatz für gegebene Ziele beschränken. Trotzdem besteht Rationalität in der modernen Gesellschaftsordnung darin, daß sie auf rationale Weise funktioniert. Der Einzelne kann daher im Prinzip diese Regeln berechnen, vorhersehen und sich nach ihnen richten. Rationalität gilt sowohl für die Lebensbereiche als für die »inneren« Bereiche der Religion und der Ethik.

38) S.61, RS I.

39) In dem Aufsatz »Wissenschaft als Beruf« definiert Max Weber deutlich: »Die zunehmende Intellektualisierung und Rationalisierung« bedeutet »nicht eine zunehmende allgemeine Kenntnis der Lebensbedingungen, unter denen man steht. Sondern sie bedeutet etwas anderes: das Wissen davon oder den Glauben daran: daß man, wenn man nur wollte, es jederzeit erfahren könnte, daß es also prinzipiell keine geheimnisvollen unberechenbaren Mächte gebe, die da hineinspielen.« (S.594, WL) Rationalität meint eine grundsätzliche geistige Haltung, in der sich das Selbstbewußtsein des Menschen ausdrückt, dem es gelungen ist, den gesamten Bezirk des Seins weitgehend durch den Glauben beherrschen zu können. Max Weber konstatiert, daß die Weltkenntnis und Weltbeherrschung des einzelnen modernen Menschen gegenüber jedem magisch denkenden »Wilden« gesunken ist. Rational am »Zivilisierten« gegenüber dem »Wilden« heißt: »1. Der generell eingelebte Glaube daran, daß die Bedingungen seines Alltagslebens, heißen sie nun: Trambahn oder Lift oder Geld oder Gericht oder Militär oder Medizin, prinzipiell rationalen Wesens, d.h. der rationalen Kenntnis, Schaffung und Kontrolle zugängliche menschliche Artefakte seien, - was für den Charakter des 'Einverständnisses' gewisse gewichtige Konsequenzen hat, - 2. Die Zuversicht darauf, daß sie rational,

nalität nämlich nicht allein das Wissen um die Beherrschbarkeit aller Dinge durch Berechnung, sondern auch den Glauben an diese Beherrschbarkeit, da es keine geheimnisvollen unberechenbaren Mächte gibt. Unter dieser Voraussetzung geht er davon aus, daß das Leben im neuzeitlichen Europa weitgehend Mithilfe der Berechnung beherrscht wird, und zwar durch Erweiterung des empirischen Wissens, der Prognosefähigkeit, der Beherrschung empirischer Vorgänge. Wichtig ist die von Weber immer wieder vorgenommene Rückbeziehung der Rationalisierung auf das Handeln des Individuums im sozialen Kontext. Die okzidentale Rationalität geht also nicht darin auf, daß sie »Rationalität von Etwas, Rationalität eines bestimmten Gebietes ist (welches als ein 'maßgebendes' dann auch über die andern Gebiete des Lebens übergreift), sondern diese Rationalität wird von ihm trotz seines fachwissenschaftlichen Vorgehens (in der Art einer umkehrbaren kausalen Zurechnung bestimmter 'Faktoren') als ein nicht weiter zurechenbares ursprüngliches Ganzes begriffen, nämlich als das Ganze einer vielfach bedingten, aber doch eigenartigen 'Lebenshaltung' und 'Lebensführung', als okzidentales 'Ethos'.«[40] Rationalisierung ist an dieser Stelle der Grundbegriff für die Erklärung der Gleichförmigkeit von Markthandeln durch Interessenlagen. »Interessen (materielle und ideelle), nicht: Ideen, beherrschen unmittelbar das Handeln der Menschen.«[41] Diese gesellschaftliche Rationalisierung bezeichnet nicht einen entdeckten Zustand der Rationalität, sondern einen endlosen Prozeß der Anwendung von Verfahren, die systematischer und adäquater sind als die bisher erprobten. Folglich kann Leben besser berechnet werden als bisher.

---

d.h. nach bekannten Regeln und nicht, wie die Gewalten, welche der Wilde durch seinen Zauberer beeinflussen will, irrational funktionieren, daß man, im Prinzip wenigstens, mit ihnen 'rechnen', ihr Verhalten 'kalkulieren', sein eigenes Handeln an eindeutigen, durch sie geschaffenen Erwartungen orientieren könne.« (S.473f, WL)

40) S.20f, Löwith 1960.

41) S.252, RS I.

2. Komponenten der Rationalität: Formale und materiale Rationalität

Worum geht es Weber im Zusammenhang mit der Berechenbarkeit? Seine Rationalität ist die praktische und theoretische Beherrschung der Realität. Hauptsächlich geht es bei Webers Rationalität um eine Erklärung der modernen okzidentalen gesellschaftlichen Rationalisierung. Seine Rationalität mündet in die grundlegenden Strukturprobleme der okzidentalen Gesellschaft. Es geht ihm zunächst um die Rationalisierungsphänomene auf der Ebene der okzidentalen Gesellschaft: »Unser europäisch-amerikanisches Gesellschafts- und Wirtschaftsleben ist in einer spezifischen Art und in einem spezifischen Sinn 'rationalisiert'. Diese Rationalisierung zu erklären und die ihr entsprechenden Begriffe zu bilden, ist daher eine der Hauptaufgaben unserer Disziplinen.«[42] Das okzidentale Leben ist die praktische Lebensführung, die das zweckrationale Handeln und das wertrationale Handeln verknüpft. Diese beiden Typen rationalen Handelns sind Kernbestand des Weberschen Rationalisierungskomplexes. Hier stellt sich die Genesefrage der Rationalität, nämlich wie Rationalität begründet wird. Weber faßt Rationalität als Zweck-Mittel-Schema auf. Um die Zweck-Mittel-Rationalität darstellen zu können, ist zunächst das rationale Handeln zu begründen, und zwar die Frage, welches Handeln rationales Handeln ist. Das Handeln muß »Begründungsformen« haben, »Begründungen«, die »das Handeln dann nicht mehr als 'bizarr' erscheinen«[43] lassen. Vor der Begründung definiert Weber das soziale Handeln wie folgt: »Wie jedes Handeln kann auch

42) S.525, WL.
43) S.228, Döbert 1989.

das soziale Handeln bestimmt sein, 1. zweckrational: durch Erwartung des Verhaltens von Gegenständen der Außenwelt und von anderen Menschen und unter Benutzung dieser Erwartung als 'Bedingungen' oder als 'Mittel' für rationale als Erfolg erstrebte und abgewogene eigene Zwecke; 2. wertrational: durch bewußten Glauben an den - ethischen, ästhetischen, religiösen oder wie immer sonst zu deutenden - unbedingten Eigenwert eines bestimmten Sichverhaltens, rein als solcher und unabhängig vom Erfolg - 3. affektuell, insbesondere emotional: durch aktuelle Affekte und Gefühlslagen - 4. traditional: durch eingelebte Gewohnheit.«[44] Weber sieht die Wert- und Zweckrationalität als Sonderform des allgemeinen Begriffs der Rationalität an, affektuelles und traditionales Handeln dagegen als Irrationalität. Das praktische Handeln identifiziert er mit dem zweckrationalen Handeln, welches die Wertrationalität einbezieht. Der Begriff des zweckrationalen Handelns ist der Schlüssel zum komplexen Begriff der Rationalität.

Zweckrationales Handeln ist ein subjektives Handeln. Um das subjektive Handeln als rationales Handeln erscheinen zu lassen, ist das Handeln zu begründen, und zwar in Form einer »Fundierung des Begriffs 'rational' durch den der 'Begründung'.«[45] In diesem Zusammenhang unterscheidet Weber formale und materiale Rationalität. Er definiert sie wie folgt: »Als formale Rationalität eines Wirtschaftens soll hier das Maß der ihm technisch möglichen und von ihm wirklich angewendeten Rechnung bezeichnet werden. Als materiale Rationalität soll dagegen bezeichnet werden der Grad, in welchem die jeweilige Versorgung von gegebenen Menschengruppen (gleichviel wie abgegrenzter Art) mit Gütern durch die Art eines wirtschaftlich orientierten sozialen Handelns sich gestaltet unter dem Gesichtspunkt bestimmter (wie immer gearteter) wertender Postulate, unter welchen sie betrachtet wurde, wird oder werden könnte. Diese sind höchst

---

44) S.12, WG.
45) S.211, Döbert 1989.

vieldeutig. [...] 2. Formal 'rational' soll ein Wirtschaften je nach dem Maß heißen, in welchem die jeder rationalen Wirtschaft wesentliche 'Vorsorge' sich in zahlenmäßigen, 'rechenhaften', Überlegungen ausdrücken kann und ausdrückt (zunächst ganz unabhängig davon, wie diese Rechnungen technisch aussehen, ob sie also als Geld- oder als Naturalschätzungen vollzogen werden). [...] 3. Dagegen ist der Begriff der materialen Rationalität durchaus vieldeutig. Er besagt lediglich dies Gemeinsame: daß eben die Betrachtung sich mit der rein formalen (relativ) eindeutig feststellbaren Tatsache: daß zweckrational, mit technisch tunlichst adäquaten Mitteln, gerechnet wird, nicht begnügt, sondern ethische, politische utilitarische, hedonische, ständische, egalitäre oder irgendwelche anderen Forderungen stellt und daran die Ergebnisse des - sei es auch formal noch so 'rationalen', d.h. rechenhaften - Wirtschaftens wertrational oder material zweckrational bemißt.«[46] Die materiale Rationalität baut auf den objektiven Handlungsergebnissen auf, und richtet sich nicht nur nach rein zweckrationaler Kalkulation, sondern orientiert sich auch an »bestimmten Wertpostulaten«. Die formale Rationalität ist auf die logische Operation zweckrationaler Berechnung mit möglichst technisch adäquaten Mitteln beschränkt. Das 'rationale' Handeln ist zunächst die materiale Rationalität auf der objektiven Handlungsebene. Wenn die materiale Rationalität auf ihre eigenen Interessen als subjektiv antizipierten Zwecke zurückgeführt wird, ist sie material-zweckrational. Der Handelnde kann sich seiner Präferenzen bewußt werden und unter dem »Gesichtspunkt bestimmter wertender Postulate« seine Ziele wählen. Wenn diese materiale Rationalität nicht gut geplantes, nicht wohlüberlegtes Handeln ist, dann ist sie material-irrational. Die materiale Rationalität organisiert jedoch nur bestimmte Bereiche des Lebens. Sie ist dann nicht allgemein rational. Das zweckorientierte Handeln muß objektiv bestätigt werden, ob das Handeln bewußt nach Werten selektierte Wahlrationali-

---

46) S.44f, WG.

tät vorgegangen ist. Weber macht hier deutlich: »Wo immer wir menschliches Handeln als durch klar bewußte und gewollte 'Zwecke' bei klarer Erkenntnis der 'Mittel' bedingt 'verstehen', da erreicht dieses Verständnis unzweifelhaft ein spezifisch hohes Maß von 'Evidenz'. [...] Es gibt kein rationales Handeln ohne kausale Rationalisierung des als Objekt und Mittel der Beeinflussung in Betracht gezogenen Ausschnittes aus der Wirklichkeit, d.h. ohne dessen Einordnung in einen Komplex von Erfahrungsregeln, welche aussagen, welcher Erfolg eines bestimmten Sich-Verhaltens zu erwarten steht.«[47] In diesem Punkt wird der Aspekt der formalen Rationalität benötigt. Formale Rationalität soll das Handeln »in zahlenmäßigen, 'rechenhaften', Überlegungen ausdrücken.« Formale Rationalität bezieht sich also auf eine universal angewandte Regel, Vorschrift oder auf ein Gesetz. Das material-zweckrationale Handeln muß noch einmal durch allgemeine Regeln rationalisiert sein. Formal-zweckrational ist ein Handeln, wenn es »bewußt und planvoll auf der Basis vorhandenen Wissens zwischen alternativen Handlungsmöglichkeiten entschieden wurde.«[48] Wird so gehandelt, dann wird auch 'begründet' gehandelt. Die Präferenz ist in der formalen Rationalität nicht einfach gegeben, sondern bewußt und planvoll nach allgemeinen Regeln ausgerichtet. Diese formale Rationalität ist eine zentrale Dimension des rationalen Handelns.

Das zweckrationale Handeln verknüpft die materiale Rationalität mit der formalen Rationalität. Zweckrationales Handeln ist das Handeln, das in der Mittelhandlung vom subjektiv antizipierten Zweck her und im Hinblick auf potentielle Wertpostulate, und auch in bewußter Wahlrationalität begründet ist. »Formale und materiale Rationalität spezifizieren also zwei Dimensionen des Begründens einer Handlung, die zusammengenommen werden müssen, will man die ganze Ratio-

---

47) S.127, WL.
48) S.233, Döbert 1989.

nalität zweckrationalen Handelns erfassen.«[49] Fazit: »Formale und materiale (gleichviel an welchem Wertmaßstab orientierte) Rationalität fallen unter allen Umständen prinzipiell auseinander, mögen sie auch in noch so zahlreichen (der theoretischen, unter allerdings völlig irrealen Voraussetzungen zu konstruierender, Möglichkeit nach selbst: in allen) Einzelfällen empirisch zusammentreffen.«[50]

3. Rationalität als Berechenbarkeit

Formale und materiale Rationalität treffen in einer Handlung zusammen. Dieses zweidimensionale, zusammengetroffene Handeln ist die Rationalität zweckrationalen Handelns als Berechenbarkeit. »Beim zweckrationalen Handeln (inklusive der Mischtypen) werden einmal die Handlungsergebnisse material bewertet. Materiale Rationalisierung kann hier auf der Handlungsebene darin bestehen, daß eine Handlung oder ein ganzes Handlungsfeld so organisiert wird, daß die Ergebnisse des Handelns dem Zweck (material-zweckrational) oder dem normativen Standard entsprechen (wertrational). Beim zweckrationalen Handeln ist aber auch die Mittelwahl, also die Form des Handelns, begründungsrelevant.«[51] Nur die materiale Rationalisierung auf der subjektiven Handlungsebene allein schafft die objektive Berechenbarkeit in der Rationalisierung nicht. Dieses Handeln ist material-zweckrational und um es berechenbar zu machen, ist es zusätzlich formal zu rationalisieren. Daraus folgt, daß »es formale Rationalisierung in einem stärkeren Sinne auf der nächsten

49) S.234, Döbert 1989.
50) S.59, WG.
51) S.240f, Döbert 1989.

'Kontrollebene' [gibt].«[52] Durch formale Rationalisierung werden die Handelnden dazu geführt, in einer bestimmten Art und Weise zu handeln. »Der Handelnde steuert sein Handeln bewußt (erste Ebene), was er bewußt tut, steuert er durch Gründe (zweite Ebene), und diese wiederum unterwirft er Meta-Gründen (Berechenbarkeit etc. dritte Ebene).«[53] Die formale Rationalisierung läßt neue Meta-Gründe entstehen. Zu den »Meta-Gründen« zählen: »Berechenbarkeit, Sicherheit des Erfolgs, Dauerhaftigkeit, 'maschinenmäßiges Funktionieren' etc.«[54] Den durch formale Rationalisierung »bewirkten Sicherheitsgewinn mit Blick auf ein anderes theoretisches Paradigma« formuliert Döbert: »Wir haben nicht nur ein Interesse daran, daß wir unsere Ziele erreichen, sondern auch daran, daß unser Handeln reversibel wird, sich gegen immer größere Klassen von Störungen immunisiert, Gleichgewicht auf erweiterter Stufenleiter realisiert.«[55] Mit der formalen Rationalität wird rationales Handeln berechenbar. Die formale Rationalität ist also »nicht nur eine zentrale Dimension der gesellschaftlichen Entwicklung, sondern vor allem auch eines der wichtigsten begrifflichen Instrumente, um den Einheitszusammenhang gesellschaftlichen Handelns als solchen begreifen zu können.«[56]

Rationales Handeln ist das auf ein Ziel ausgerichtete subjektive Handeln, welches eine Mischform der materialen und formalen Rationalität darstellt. Das subjektive Handeln ist eigentlich material, das heißt, daß es noch kein objektiv berechenbares Handeln darstellt. Dieses subjektive Handeln ist aus der Beobachterperspektive dann ein berechenbares Handeln, wenn die Orientierung des subjektiven Handelns bewußt kontrolliert wird. Rationales Handeln auf der Ebene des subjektiven Sinns umschreibt Weber als systemati-

52) S.241, Döbert 1989.
53) S.243, Döbert 1989.
54) S.244, Döbert 1989.
55) S.244, Döbert 1989.
56) S.245f, Döbert 1989.

sches Verfolgen eines angenommenen praktischen Ziels über eine immer genauere bewußte Berechnung der Mittel. Rationalität als Berechenbarkeit ist Zweckrationalität, verbunden mit materialem und formalem Handeln. Zweckrationalität kombiniert mit dem Handeln eine Form der gesellschaftlichen Rationalisierung, die durch Zielgerichtetheit, Planmäßigkeit und Nachvollziehbarkeit charakterisiert ist. Zweckrationales Handeln ist ausgerichtet auf einen bestimmten Erfolg, der erreicht wird, indem Umweltbedingungen planvoll als Mittel eingesetzt werden. Nach Weber ist das menschliche Handeln ein Handeln, das bedingt ist durch einen klaren bewußten und gewollten Zweck, bei klarer Kenntnis der Mittel. Daher versteht er diejenige Rationalität als Zweckrationalität, die auf dem Zweck-Mittel-Schema aufgebaut ist. Das Zweck-Mittel-Handeln ist ein subjektives Handeln mit bewußter Kontrolle. Die materiale und formale Zweckrationalität in der gesellschaftlichen Rationalisierung funktioniert maschinenmäßig. Zweckrationales Handeln als maschinenmäßiges Handeln ist ein berechenbares technisches Handeln, das die Regelhaftigkeit eines reproduzierbaren Verhaltens benennen kann. Nach Weber bedeutet »Technik« eines Handelns »den Inbegriff der verwendeten Mittel desselben im Gegensatz zu jenem Sinn oder Zweck, an dem es letztlich (in concreto) orientiert ist, 'rationale' Technik eine Verwendung von Mitteln, welche bewußt und planvoll orientiert ist an Erfahrungen und Nachdenken, im Höchstfall der Rationalität: an wissenschaftlichem Denken. Was in concreto als 'Technik' gilt, ist daher flüssig: der letzte Sinn eines konkreten Handelns kann, in einen Gesamtzusammenhang von Handeln gestellt, 'technischer' Art, d.h. Mittel im Sinn jenes umfassenderen Zusammenhanges sein; für das konkrete Handeln ist aber dann diese (von jenem aus gesehen:) technische Leistung der 'Sinn', und die von ihm dafür angewendeten Mittel sind seine 'Technik'.«[57] »Technik« kann als eine Verkörperung der Zweckrationalität betrachtet werden. Darum wird Zweckrationalität als »Technik« des Vorge-

57) S.32, WG.

hens und kalkulierbaren Erfolgs betrachtet. Von Anfang an sieht Weber zweckrationales Handeln, das vor allem auf die »Technik« des Vorgehens und auf den damit verbundenen kalkulierbaren Erfolges ausgerichtet ist und im Dienst »nackter Interessen« steht, der berechenbar ist, als integralen Bestandteil der okzidentalen Rationalisierung.

II. Max Webers Rationalisierungskonzept

1. Max Webers Rationalisierungskonzept

Webers Rationalisierung ist eine gesellschaftliche Rationalisierung. In seinem Rationalisierungskonzept weist er den Kollektivismus und den Idealismus von der Hand. Sowie die Rationalität im Okzident durchgeführt wurde, begreift Weber das zweckrationale Handeln als Prototyp des subjektiven Sinns, dessen Zielrationalität und Verbindung mit einer rationalen Wahl der Mittel ist. Subjektiv gemeinter Sinn heißt Charakterisierung des Komplexes an Zielen und Mitteln, an dem jeder Mensch auf seine eigene Weise Zielsetzungen und Mitteln konfiguriert. Es ist zwar umstritten, ob die Position Webers zugunsten eines Individualismus in der Auseinandersetzung zwischen Individualismus und Kollektivismus entschieden ist.[58] Weber spricht sich jedoch deutlich für die Soziologie aus, und zwar, für eine den subjektiven Sinn verstehende

58) Vgl. Lindner 1986 und Schwinn 1993.

Soziologie, welche »soziales Handeln deutend verstehen und dadurch in seinem Ablauf und seiner Wirkung ursächlich erklären will. 'Handeln' soll dabei ein menschliches Verhalten (einerlei ob äußeres oder innerliches Tun, Unterlassen oder Dulden) heißen, wenn und insofern als der oder die Handelnden mit ihm einen subjektiven Sinn verbinden.«[59] Den subjektiven Sinn begreift Weber als einen Komplex der Besinnung von Zielen und Mitteln, an denen Menschen ihr Handeln orientieren. Denn »jede denkende Besinnung auf die letzten Elemente sinnvollen menschlichen Handelns ist zunächst gebunden an die Kategorien 'Zweck' und 'Mittel'.«[60] Er bestimmt alle konkreten Sinnzusammenhänge, deren »Verstehen wir als ein Erklären des tatsächlichen Ablaufs des Handelns ansehen«[61], nicht als das innerhalb einer Gesellschaft herrschende Gedankensystem, sondern jeder Mensch destilliert auf eigene Weise seine Konfigurationen aus den Zielsetzungen und Mitteln der Sinnzusammenhänge heraus. Weber trennt die Rationalisierungsfähigkeit von der »organischen Sozialethik«, die nur nicht das soziale Handeln leitet, sondern das Subjekt beeinflußt. Rationalisierung ist für Weber nicht nur zweckrationales Handeln als das freie Handeln zu einem gegebenen praktischen Ziel und die präzisere Berechnung der adäquaten Mittel, sondern auch die legitime Ordnung als wertrationales Handeln: Die zweckrationale Orientierung subjektiven Handelns, kombiniert mit der Erwartung einer vergleichbaren Orientierung, die die Regelmäßigkeit des sozialen Handelns bestimmt. »Es lassen sich innerhalb des sozialen Handelns tatsächliche Regelmäßigkeiten beobachten, d.h. in einem typisch gleichartig gemeinten Sinn beim gleichen Handelnden sich wiederholende oder (eventuell auch: zugleich) bei zahlreichen Handelnden verbreitete Abläufe von Handeln.«[62] In der Lenkung zur Regelmäßigkeit des sozialen Handelns besteht eine Ordnung, die bei dem

59) S.1, WG.
60) S.149, WL.
61) S.4, WG.
62) S.14, WG.

Kriterium der Zweckrationalität als Bestimmungsgrund sozialen Handelns gilt. Brauch, Sitte und Interessenlage ergeben auch die Regelmäßigkeit sozialen Handelns[63], mit denen die Akteure jedoch nicht »äußerlich garantierte Regeln« oder »keineswegs auf Orientierung an irgendeiner als 'geltend' vorgestellten Norm« verbinden. Das soziale Handeln orientiert sich an der legitimen Ordnung, die Handlungen auf deren Werte beruhen lassen. Werte als Ordnungstypen wie Brauch, Sitte, Interessenlage und die legitime Ordnung leisten nach Weber eine wertrationale Orientierung des Handelns. Das subjektiv sinnvolle Handeln entscheidet für spezifische Werte vor den »konkurrierenden und kollidierenden Zwecken und Folgen.« Die Ordnungstypen sind nur Orientierungsmittel des subjektiven Handelns, üben jedoch auf sie selbst keinen Einfluß aus.

Das soziale Handeln, insbesondere das zweckrationale Handeln, ist ein Hauptbestandteil der Rationalisierung. Der Zweck-Mittel-Handelnde muß sich charakterisieren als ein rationalisierungsfähiges Menschentum, das nach dem subjektiven Sinn, »sachlich«, »kühl« und »menschlichkeitsfremd« handelt. Der relevante Faktor der modernen okzidentalen Rationalisierung ist nach Weber die Fähigkeit und Disposition von Menschen zu einer bestimmten Art der »praktisch-rationalen Lebensführung.« Die Entwicklung des okzidentalen Menschentums durch die asketische Ethik ist dabei für Weber zentral. Die legitime Ordnung als Rechtsordnung, die dem Subjekt den Bestimmungsgrund realen menschlichen Handelns vorgibt, ist auch eine Komponente der gesellschaftlichen Rationalisierung. Ohne die legitime Ordnung als »Komplex von faktischem Bestimmungsgrund realen menschlichen Handelns« ist die Entwicklung der gesellschaftlichen Rationalisierung nicht vorstellbar, wie sich am Beispiel der heutigen ostasiatischen gesellschaftlichen Rationalisierung zeigt.

---

63) S.15, WG.

2. Die Entwicklung des okzidentalen Menschentums

Im Rationalisierungskonzept Webers bedeutet das soziale Handeln hauptsächlich Zweck-Mittel-Handeln. Um die Rationalisierung unter dem Zweck-Mittel-Schema laufen zu lassen, bedarf es eines bestimmten Menschentums. Um die Entwicklung der okzidentalen Rationalisierung zu untersuchen, sucht Weber nach dem religionssoziologischen Aspekt des okzidentalen Menschentums. Die religiöse Komponente wirkte als Weichensteller für die moderne praktische Lebensführung, die die notwendigen internen Bedingungen für das Auftreten des okzidentalen subjektiven Handelns erfüllen sollte. Die religiöse Komponente hat das rationalisierungsfähige Menschentum gefördert. In ihr behandelt Weber einen für die Genese der praktischen Lebensführung kausal relevanten Faktor. Die Rationalisierung ist folglich eine eigentümliche »Disziplinierung« und »Methodisierung« des alltäglichen Lebens. Weber setzt zur Rationalisierung die »Disziplinierung« und »Methodisierung« des alltäglichen rationalen Lebens voraus. In seiner praktischen Lebensführung ist in aller Deutlichkeit der individualistische Ansatz zu erkennen. Das Individuum versteht sich als selbstverantwortlich, rational handelnde Persönlichkeit. Das frei entscheidende Individuum versucht seine Zwecke durchzusetzen, indem es die objektiv zur Verfügung stehenden Mittel analysiert und rational zwischen ihnen wählt. Der Mensch entwickelt sich von einer rationalen Religion zu einer systematischen Einheit, die subjektiv handelt. Der das rationale Leben Führende handelt zweckrational. Es geht also bei der Zweckrationalität nicht um die moralisch-ethische Beurteilung der Zwecke, sondern zunächst nur um ein technisches Problem: die angemessene und zulängliche Wahl des Mittels. In diesem zweckrationalen Handeln prägt sich das Individuum in ein konstantes Verhältnis des Menschen zu den letzten Werten konkret aus. Die praktische Lebensführung hängt von der »Fähigkeit und Disposition der Menschen«[64] ab, die ihren Ursprung in der religiösen Komponente hat. Weber bezeichnet das handelnde Subjekt, das ein zweckrationales Leben führt, als »Träger«-Einheit der Rationalisierung. Der Rationalisierungsträger ist das »historische Individuum.« Im sozialen Handeln agiert das handelnde Subjekt, das als aus dem religiösen Geist geboren ist. Unter dem »praktischen Rationalismus« versteht man »jene Art Lebensführung, welche die Welt bewußt auf die diesseitigen Interessen des einzelnen Ich bezieht und von hier aus beurteilt.«[65] Das ethische rationalisierte Subjekt ist, nämlich so wie sich das Menschentum entwickelt hat, eine Vorbedingung zum »praktischen Rationalismus.« Denn »wie von rationaler Technik und rationalem Recht, so ist der ökonomische Rationalismus in seiner Entstehung auch von der Fähigkeit und Disposition der Menschen zu bestimmten Arten praktisch-rationaler Lebensführung überhaupt abhängig.«[66]

Max Weber macht die Entwicklung des Menschentums für die praktische Lebensführung verantwortlich. Im Zusammenhang mit der okzidentalen modernen Gesellschaft interessiert er sich für die Entwicklung der menschlichen Charaktereigenschaften als Prozeß der Auslese eines bestimmten Menschentyps. Die menschlichen Charaktereigenschaften sind nicht selbständig und ein »Naturgebenes«, sondern das Produkt eines lang andauernden Erziehungsprozesses. Weber setzt diesem Erziehungsprozeß voraus, daß der Mensch die Fähigkeit erlernt, weitgehend unabhängig von äußerem Zwang oder inneren Affekten zu handeln. In den Aufsätzen zur »protestantischen Ethik« wird deutlich, daß Weber »primär« an der »Entwicklung des Menschen-

64) S.12, RS I.
65) S.62, RS I.
66) S.12, RS I.

tums«[67] interessiert ist. Die Entwicklung des Menschentums findet er in der Religiösität, die zwei miteinander verknüpfte Prozesse durchläuft: einen Prozeß der zunehmenden »Entzauberung der Welt« und einen Prozeß der zunehmenden Systematisierung von Sinnzusammenhängen als Folge der »inneren Nötigung« des »Kulturmenschen.«[68] Die »Entzauberung der Welt« entspricht bei Weber einer Zuspitzung des Autonomiegedankens. Autonomie setzt die persönliche Freiheit voraus, sich unter allen gegebenen Interessen und Bedürfnissen für eines entscheiden zu können. Daher untersucht Weber bei der Genese autonomen Individuums eine bestimmte Art der »praktisch-rationalen Lebensführung«, die von der Religiösität beeinflußt ist. Diese Analyse der Wahlverwandschaft zwischen Religion und Menschentum gibt einen Einblick in eine Facette der Rationalisierung der okzidentalen Gesellschaft. Die »Entzauberung der Welt« hat zur Entwicklung des okzidentalen Menschentums beigetragen, jedoch ist das okzidentale Menschentum besonders durch den Niederschlag des asketischen Protestantismus als Folge der »eigenen inneren Nötigung« in der Berufsidee vom Typ des Berufs- und Fachmenschen zutiefst beeinflußt. Weber interessiert sich also für die Auswirkungen bestimmter Aspekte des Glaubens auf den Charakter des okzidentalen Menschentums.

---

67) S.303, PE II.

68) Die Stufe der Rationalisierung ist bei Max Weber verdeutlicht: »Für die Stufe der Rationalisierung, welche eine Religion repräsentiert, gibt es vor allem zwei, übrigens miteinander in vielfacher innerer Beziehung stehende Maßstäbe. Einmal der Grad, in welchem sie die Magie abgestreift hat. Dann der Grad systematischer Einheitlichkeit, in welche das Verhältnis von Gott und Welt und demgemäß die eigene ethische Beziehung zur Welt von ihr gebracht worden ist.« (S.512, RS I auch S.254, RS I.) Die Entwicklung des okzidentalen Menschentums ist nach Weber mit der »Entzauberung der Welt« ausgebrochen und wurde durch die protestantische Askese verfestigt. Die »Entzauberung der Welt« bringt alle Einzelheiten der »empirischen Mannigfaltigkeit« in umfassende allgemeine Sinn- oder Sachzusammenhänge. Die asketische Ethik rationalisiert den Menschen zur systematischen Einheit des Individuums.

(1) Die Entzauberung der Welt als Entstehung des Individuums

»Je mehr der Intellektualismus den Glauben an die Magie zurückdrängt, und so die Vorgänge der Welt 'entzaubert' werden, ihren magischen Sinngehalt verlieren, nur noch 'sind' und 'geschehen', aber nichts mehr 'bedeuten', desto dringlicher erwächst die Forderung an die Welt und 'Lebensführung' je als Ganzes, daß sie bedeutungshaft und 'sinnvoll' geordnet seien.«[69] Weber sucht die historischen Gründe für das rationale Menschentum im Prozeß der Rationalisierung und der Intellektualisierung, in dessen Verlauf durch die »Entzauberung der Welt« die Religionen allmählich aus dem Leben verdrängt werden. In dem Aufsatz »Wissenschaft als Beruf« definiert Weber die zunehmende Rationalisierung und Intellektualisierung als das Wissen oder den Glauben daran, daß »es grundsätzlich keine geheimnisvollen unberechenbaren Mächte gebe, die in die Lebensbedingungen hineinspielen, daß man vielmehr alle Dinge im Prinzip durch Berechnung beherrschen könne.«[70] Durch die »Entzauberung der Welt« werden die geheimnisvollen unberechenbaren Mächte allmählich aus dem Leben verdrängt. Durch das Schwinden der religiösen Glaubensvoraussetzung entfällt für den Menschen die Möglichkeit, gleichsam von außen her Zeichen und Weisung zu vernehmen. Der Wille ist nicht mehr an eine göttliche Autorität gebunden. Hier entsteht ein Subjekt. Die »Entzauberung der Welt« ist die Enthüllung der Allgemeinverbindlichkeit öffentlicher Werte und Normen. Indem alle Objektivitäten mit der durch den Menschen vollzogenen Rationalisierung ihren objektiven Sinn eingebüßt haben, stehen sie nun einer Subjektivierung gleichsam neu zur

---

69) S.308, WG.
70) S.594, WL.

Verfügung. Die Prozesse der Entzauberung setzen die autonome Entwicklung des sozialen Systems und die Optimierung interner Entwicklungsmöglichkeiten frei. Die »Entzauberung der Welt« signalisiert also im Sprachgebrauch Webers den fortschreitenden Abbau der Anwendung magischer Praktiken in der Reproduktion des Individuums und des antagonistischen Wertpluralismus'. Der von außen vorgegebene Sinn geht verloren und damit die Freiheit des Subjekts. »Wo immer aber rational empirisches Erkennen die Entzauberung der Welt und deren Verwandlung in einen kausalen Mechanismus konsequent vollzogen hat, tritt die Spannung gegen die Ansprüche des ethischen Postulates: daß die Welt ein gottgeordneter, also irgendwie ethisch sinnvoll orientierter Kosmos sei, endgültig hervor.«[71] Die »Entzauberung der Welt«: die »Ausschaltung der Magie als Heilmittel«[72] befreit also den Menschen nicht nur von dämonischen Mächten, sondern sie läßt auch mit voller Klarheit erkennen, daß es in der modernen Gesellschaft keine einheitliche sinnhafte Ordnung geben kann. Daher ist hier der ewige Kampf unversöhnlicher Wertordnungen ihr unentrinnbares Schicksal. Im Polytheismus der Werte müssen die »alten Götter« ihren »ewigen Kampf« in der Moderne neu ausfechten. Durch diese wachsenden Erkenntnisse des Individuums wird das subjektive Leben vorangetrieben. Der ziel- und zweckoffene Mensch, der der Welt einen diesseitigen Sinn gebende Mensch konzentriert sich im Verlauf des Entzauberungsprozesses mehr und mehr auf die Zweck-Mittel-Problematik. Der Alltag der entzauberten Welt erscheint abgekoppelt von der traditionellen Alltäglichkeit und charismatischer Außeralltäglichkeit. Der unaufhebbare Pluralismus der historisch-konkreten Wert- und Rechtsüberzeugungen wird offenbar. In dieser Hinsicht setzt Weber Reflexivität mit dem Bewußtsein gleich, daß die kognitiven und wertmäßigen Bindungen nicht mehr auf objektive Strukturen gestützt werden können, sondern von den Individuen selbst hergestellt werden müssen.

---

71) S.564, RS I.
72) S.114, RS I.

Darum versteht Weber die »Entzauberung der Welt« als eine Rückkehr der Gesellschaft in ein vorchristliches anarchistisches Wertchaos. »Die alten vielen Götter, entzaubert und daher in Gestalt unpersönlicher Mächte, entsteigen ihren Gräbern, streben nach Gewalt über unser Leben und beginnen untereinander wieder ihren ewigen Kampf.«[73] In diesem Prozeß der »Entzauberung der Welt« kann man eines der wichtigsten Elemente okzidentaler Rationalisierung sehen, und zwar das okzidentale Menschentum.

(2) Die protestantisch-asketische Ethik

Der Entzauberungsprozeß erfüllt nach Weber die notwendigen Vorbedingungen für das Auftreten des subjektiven Menschentums. Durch die »Entzauberung der Welt« steht dem Okzident ein subjektiver Sinn neu zur Verfügung. Dieser ist jedoch nicht allein eine notwendige Bedingung für die Entstehung des okzidentalen Menschentums, das durch die Fähigkeit zu methodisch-rationaler Lebensgestaltung den Erfordernissen der Berechenbarkeit des Handelns in der modernen Gesellschaft angepaßt ist. Weber sieht in der asketischen Ethik des Protestantismus eine konstitutive Komponente des okzidentalen Menschentums. »Einer der konstitutiven Bestandteile des modernen kapitalistischen Geistes, und nicht nur dieses, sondern der modernen Kultur: die rationale Lebensführung auf Grundlage der Berufsidee, ist -[...]- geboren aus dem Geist der christlichen Askese.«[74] Die innerweltliche christliche Askese tritt als Folge des konsequenten Prädestinationsglaubens im Calvinismus ein. Mit dem stärksten Antrieb zu asketischer Disziplinierung und »ethischer Rationalisierung« des Verhaltens verknüpfte der aske-

73) S.605, WL.
74) S.202, RS I.

tische Protestantismus mächtige Impulse zu einer innerweltlichen Formung des Lebensstils. Die protestantisch-asketische Ethik erfüllt die notwendigen Bedingungen für die Entstehung eines okzidentalen Menschentums in der Sphäre gesellschaftlicher Arbeit. Weber selbst legt starken Nachdruck auf den vom Protestantismus geschaffenen Lebensstil. Durch die Ethik des asketischen Protestantismus ist überhaupt erst der Menschentyp entstanden, der die sinnvolle Lebensführung praktiziert. Der asketische Protestantismus stellt einen Schritt im Prozeß der ethischen Rationalisierung dar, unter stetiger wacher Beherrschung aller natürlichen Triebhaftigkeit. Der okzidentale Individualismus realisiert laut Weber aus der protestantischen Lehre. Die calvinistische Lehre, die Lehre von der Gnadenwahl, versetzte Menschen in »ein Gefühl einer unerhörten inneren Vereinsamung des einzelnen Individuums.«[75] Die Betonung des Individuums fand sich zum Beispiel in dem Gedanken einer direkten Beziehung zu Gott. Die Reformation schaltete die Kirche als Vermittlungsinstanz aus und konstruierte eine direkte Beziehung zwischen Gott und dem Individuum: »Im Grunde: daß Gott dem hilft, der sich selber hilft, daß also der Calvinist, wie es auch gelegentlich ausgedrückt wird, seine Seligkeit - korrekt müßte es heißen: die Gewißheit von derselben - selbst 'schafft', daß aber dieses Schaffen nicht wie im Katholizismus in einem allmählichen Aufspeichern verdienstlicher Einzelleistung bestehen kann, sondern in einer zu jeder Zeit vor der Alternative: erwählt oder verworfen? stehenden systematischen Selbstkontrolle.«[76] Dieses protestantische Ethos war ein Teil des individualistischen Ethos im Okzident. Der Calvinismus verlangte von dem pessimistisch gefärbten Individuum eine systematische Methode der Lebensführung. Die systematische Lebensführung war ein revolutionärer Lebensstil aus der Sicht der protestantischen Ethik. Denn indem »die Askese aus den Mönchszellen heraus in das Berufsleben übertragen wurde und

---

75) S.93, RS I.
76) S.111, RS I.

die innerweltliche Sittlichkeit zu beherrschen begann, half sie durch ihren Teil, jenen mächtigen Kosmos der modernen, an die technischen und ökonomischen Voraussetzungen mechanisch-maschineller Produktion gebundenen, Wirtschaftsordnung erbauen, der heute den Lebensstil aller einzelnen, die in dies Triebwerk hineingeboren werden -[...]-, mit überwältigen dem Zwange bestimmt und vielleicht bestimmen wird, bis der letzte Zentner fossilen Brennstoffs verglüht ist.«[77] Das okzidentale Menschentum ist also die Folge einer »inneren Nötigung« des Kulturmenschen. Um sich auf die aktive Gestaltung des Lebens und der Welt zu einer sinnhaften Ordnung in allen Sphären des Lebens einzustellen, benötigt die Lebensführung eine innere Lebensmethodik. Die protestantische Askese bewirkte die Fähigkeit und Disposition von Menschen zu einer bestimmten Art »praktisch-rationaler Lebensführung.« Sie gab der aktiven Umgestaltung des Lebens und der Welt eine sinnhafte Ordnung. Die empirischen Untersuchungen von Weber konzentrieren sich auf die »praktisch-rationalen Lebensführung« und auf die Frage, wie die Lebensführung in der Entstehungsphase tatsächlich institutionalisiert werden konnte, da alle rationale Formen - Wirtschaft, Herrschaftsorganisation, Recht, Wissenschaft usw.- durch eine nur im Okzident entstandene Lebensführung verbunden sind. In der Auseinandersetzung mit H. Karl Fischer umreißt Weber den Status seiner These[78]: Der asketische Protestantismus wirkte unabhängig von den variierenden politischen, ökonomischen, geographischen und ethnischen Bedingungen, aber auch unabhängig vom »Maß der Entwicklung des Kapitalismus als Wirtschaftssystem« überall in dieselbe allgemeine Richtung einer Umbildung der Berufsauffassung im Sinne einer rationalen, ökonomischen Lebensmethodik. Aus dem »stahlharten Gehäuse« der kapitalistischen Berufswelt ist ein neuer Menschentypus entstanden. Dieser protestantische Lebensauffassung kam nun »die Tendenz zu bürgerlicher, ökonomisch rationaler Lebensführung zugute; sie war

77) S.203, RS I.
78) S.47, PE II.

ihr wesentlichster und vor allem: ihr einzig konsequenter Träger. Sie stand an der Wiege des modernen 'Wirtschaftsmenschen'.«[79]

Die protestantisch-asketische Ethik, insbesondere ihre calvinistische Variante, gab der systematischen Lebensreglementierung mächtige Impulse in der innerweltlichen Aktivität. Die calvinistische Spielart der protestantischen Ethik war dadurch gekennzeichnet, daß die Sorge um das eigene Heil das Individuum bewog, sich seiner eigenen Prädestiniertheit durch den Erfolg im Beruf zu vergewissern. Das dazu bewegende Berufsleben war nicht das von »jener ungeheueren Spannung« befreite Leben, wie »das der Katholiken und auch der Lutheraner«, sondern das der Systemlosigkeit, nämlich dem »echt menschlichen Auf und Ab zwischen Sünde, Reue, Buße, Entlastung, neue Sünde«, entkleidete Leben. Der Gott des Calvinismus verlangte »von den Seinigen nicht einzelne 'gute Werke', sondern eine zum System gesteigerte Werkheiligkeit. [...] Die ethische Praxis des Alltagsmenschen wurde so ihrer Plan- und Systemlosigkeit entkleidet und zu einer konsequenten Methode der ganzen Lebensführung ausgestaltet.«[80] Aus dem »dünnen Mantel« war durch das »Verhängnis« das vielzitierte »stahlharte Gehäuse« geworden. Aus dem Geist der innerweltlichen Askese wurde das systematische Menschentum geboren. Die protestantisch-asketische Ethik schuf die Seele des subjektiv handelnden Menschentums. Durch den Niederschlag des »asketischen Protestantismus« in das Menschentum ist das okzidentale Individuum stark beeinflußt worden. Das von den Menschen selbst gezimmerte »Gehäuse der Hörigkeit« funktioniert so streng rational wie eine Maschine. Hier lag ein Antrieb zur methodischen Führung des Lebens. Die protestantische Askese hat durch die Ausbildung von »psychologischen Antrieben«[81], welche der Lebensführung die Richtung wiesen, der Welt eine sinnhafte Ordnung gegeben.

---

79) S.195, RS I.
80) S.114f, RS I.
81) S.86, RS I.

Weber findet in der Lebensführung des asketischen Protestantismus ein betont unpersönliches, nüchternes, zweckhaftes Verhältnis zum Mitmenschen, also »eine monologische Gesinnungsethik mit unbrüderlichen Konsequenzen.«[82] Seine Sicht der Entwicklung des okzidentalen Menschentums ist einerseits durch die These von der »Entzauberung der Welt« geprägt, andererseits durch den starken Akzent auf der Bedeutung der protestantischen asketischen Ethik. In der »Entzauberung der Welt« und in der protestantischen Ethik findet er das subjektiv handelnde Menschentum. Hier ist das Individuum der Träger der Rationalisierung.

3. Die Rechtsordnung als »Bestimmungsgrund realen menschlichen Handelns« in der gesellschaftlichen Rationalisierung

Zur gesellschaftlichen Rationalisierung ist nicht nur das zweckrationale Handeln, sondern auch die legitime Ordnung relevant. Von Ordnung will Weber nur dann sprechen, »wenn das Handeln an angebbaren 'Maximen' (durchschnittlich und annähernd) orientiert wird.«[83] Eine »Geltung« einer solchen Ordnung liegt auch dann vor, wenn diese »Maximen« als »irgendwie für das Handeln geltend: verbindlich oder vorbildlich, angesehen werden.«[84] Zur gesellschaftlichen Rationalisierung ist die Regelmäßigkeit des sozialen Handelns auf verschiedene Weise zu garantieren. Die gesellschaftliche Rationalisierung ist also nicht allein aufgrund zweckrationalen Handelns möglich, sondern auch im Rahmen einer legitimen Ordnung, die

---

82) S.251, Schluchter 1979.
83) S.16, WG.
84) S.16, WG.

hauptsächlich von der Rechtsordnung unterstützt wird.[85] »'Recht' ist für uns eine Ordnung mit gewissen spezifischen Garantien für die Chance ihrer Geltung.«[86] »Eine tatsächlich bestehende Chance einer Regelmäßigkeit der Einstellung sozialen Handelns« soll jedoch nicht nur Recht heißen, sondern auch Brauch, Sitte, und Interessenlage.[87] »Eine wesentliche Komponente der 'Rationalisierung' des Handelns ist der Ersatz der inneren Einfügung in eingelebte Sitten durch die planmäßige Anpassung an Interessenlagen.«[88] Bestimmungsgründe sozialen Handelns wie Brauch, Sitte und Interessenlage sind jedoch labiler als die legitime Ordnung. Die geltende legitime Ordnung ist die Rechtsordnung[89], die als ein technisches Mittel, das die Berechenbarkeit des Erfolgs zu garantieren vermag. »Recht«, so definiert Weber, »ist für uns eine 'Ordnung' mit gewissen spezifischen Garantien für die Chance ihrer empirischen Geltung«[90], die wiederum auf deren Durchsetzung beruht, die schließlich durch einen staatlichen Zwangsapparat garantiert wird. »Die 'Geltung' einer Befehlsgewalt kann ausgedrückt sein entweder in einem System gesatzter (paktierter oder oktroyierter) rationaler Regeln, welche als allgemein verbindliche Normen Fügsamkeit

---

85) S.331 u. S.338 J.Habermas 1988; S.182f, David M.Trubek 1984. Habermas bestätigt, daß »das moderne Recht [...] für die Institutionalisierung zweckrationaler Handlungsorientierungen eine ähnliche Rolle wie die protestantische Berufsethik [spielt]. Ohne die Verrechtlichung des kapitalistischen Wirtschaftsverkehrs ist die Automatisierung oder Selbststabilisierung eines von ihren ethischs-motivationalen Grundlagen abgelösten Subsystems zweckrationalen Handelns nicht zu denken.« (S.331, Habermas 1988)

86) S.182, WG.

87) S.15, WG.

88) S.15, WG.

89) S.17f, WG.

90) S.182, WG. Mit Zwangsmitteln ausgestattete Ordnungen werden Recht genannt. »Und zwar soll unter 'garantiertem objektiven Recht' der Fall verstanden werden: daß die Garantie in dem Vorhandensein eines 'Zwangsapparates' im früher definierten Sinn besteht, also einer oder mehrerer sich eigens zur Durchsetzung der Ordnung durch speziell dafür vorgesehene Zwangsmittel (Rechtszwang) bereithaltender Personen.« (S.182, WG)

finden, wenn der nach der Regel dazu 'Berufene' sie beansprucht.«[91] Weber betrachtet die Rechtsordnung als Grundpfeiler normativer Handlungsorientierung, also als eine Komponente der gesellschaftlichen Rationalisierung. Die Rechtsordnung spielt für die Institutionalisierung zweckrationalen Handelns eine Rolle bei den Handlungsorientierungen. Gesellschaftliche Rationalisierung benötigt also ein Recht, das »sich ähnlich berechnen läßt wie eine Maschine.«[92]

(1) Der Rechtsbegriff bei Max Weber

Max Weber stellt fest, daß die Handlungsorientierung garantiert werden kann durch die »subjektiv erkannte Notwendigkeit« oder durch die »Gewaltsamkeit als Mittel« von außen zu einem konformen Verhalten. Die »Gewaltsamkeit als Mittel« ist Recht als eine Form organisierter Gewaltanwendung. Das Recht ist »unter unseren modernen Bedingungen der Garantie der Verfügungsgewalt durch Rechtszwang des Staates. Also durch Androhung eventueller Gewaltsamkeit für die Erhaltung und Durchführung die Garantie formell 'rechtsmäßiger' Verfügungsgewalten.«[93] Das »Recht« im soziologischen Sinn ist für Weber ein Ordnungssystem, das Handlungsregelmäßigkeiten äußerlich durch die Sanktionierung Abweichender garantiert. Weber ist der erste bedeutende Autor in der Rechtssoziologie mit soziologischen Absichten, da er als Soziologe an der Beziehung zwischen den verschiedenen Bereichen menschlichen Handelns sowie an den Konflikten und Formen

---

91) S.549, WG.

92) S.817, WG. Beispielsweise entwickelte sich kein solches Recht in Ostasien, welches »ohne Ansehen der Person« (S.437, RS I) urteilt, und konsequenterweise entstand in Ostasien keine rationale Institution. Darum ist die rationale Einrichtung der Gesellschaft ein okzidentaler Ursprung.

93) S.32, WG.

der Zusammenarbeit interessiert ist. Er spricht von der »Rechtsordnung« im soziologischen Sinn, als »einer 'Ordnung' mit gewissen spezifischen Garantien für die Chance ihrer empirischen Geltung«, »wo die Anwendung irgendwelcher, physischer oder psychischer Zwangsmittel in Aussicht steht, die von einem Zwangsapparat, d.h. von einer oder mehreren Personen ausgeübt wird, welche sich zu diesem Behuf für den Fall des Eintritts des betreffenden Tatbestandes bereit halten, wo also eine spezifische Art der Vergesellschaftung zum Zweck des 'Rechtszwanges' existiert.«[94] Die soziologische Geltung ist nach Weber wesentlich mitbegründet durch die Chance der Anwendung von physischem oder psychischem Zwang seitens des dafür eingesetzten Apparates. Diese Rechtsordnung war in der Entwicklung der okzidentalen Rationalisierung ein äußerlicher Maßstab zur Bestimmung sozialen Handeln. »Tatsächlich findet die Orientierung des Handelns an einer Ordnung naturgemäß bei den Beteiligten aus sehr verschiedenen Motiven statt. Aber der Umstand, daß neben den anderen Motiven die Ordnung mindestens einem Teil der Handelnden auch als vorbildlich oder verbindlich und also gelten sollend vorschwebt, steigert naturgemäß die Chance, daß das Handeln an ihr orientiert wird.«[95] Hier verweist Weber darauf, daß das Recht von Phänomenen wie z.B. der Konvention unterschieden werden muß. Der Unterschied zwischen Rechtsordnung und Konvention besteht hauptsächlich in der unterschiedlichen Struktur der Sanktionsform, der soziologischen Struktur des Zwanges. Das »Recht« unterscheidet sich von der »Konvention« durch die Struktur des Zwangs. Die Konvention wird »teils durch psychischen, teils sogar, wenigstens indirekt, durch physischen Zwang gestützt.«[96] »Konventionelle Regeln sind normalerweise der Weg, auf welchem bloß faktische Regelmäßigkeiten des Handelns: bloße 'Sitte' also, in die Form verbindlicher, meist zunächst durch psychischen Zwang garantierter, Normen überführt wer-

94) S.185, WG.
95) S.16, WG.
96) S.191, WG.

den.«[97] Webers »Konvention« ist das, was im allgemeinen »Sitte« genannt wird, während eine »Sitte« das ist, was man gewöhnlich »Brauch« oder »Herkommen« nennt. »Sitte« ist für Weber die durch Gewohnheit, unreflektierte Nachahmung oder Anpassung an äußere Lebensumstände bedingte faktische Regelmäßigkeit des Verhaltens. Hier betont er zur Rationalisierung das Recht als Sanktionsmechanismus, Geltungsbedingungen und Zwangsapparat. Als charakteristisches Merkmal des Rechts wird vielfach die Möglichkeit genannt, die Rechtsregeln zwangsweise durchzusetzen. Die Durchsetzung der Ordnung durch den staatlichen Zwangsapparat ist das entscheidende Kennzeichen des Rechts.

(2) Die Rolle der Rechtsordnung als »Bestimmungsgrund realen menschlichen Handelns« im Prozeß der gesellschaftlichen Rationalisierung.

Die meisten organisierten Gesellschaften besitzen eine Rechtsordnung. Nach Weber weist jedoch die europäische Rechtsordnung große Unterschiede zu denen der übrigen Welt auf. So kontrastiert er das okzidentale Recht von anderen Rechtskreisen, indem er fragt, ob das Rechtssystem ausdifferenziert oder ob mit dem politischen und religiösen System verschmolzen ist, ob juristische Entscheidungen nach kodifizierten allgemeinen Regeln zustandekommen oder ob von Fall zu Fall entschieden wird; ob Rechtsbestimmungen universelle Anwendung auf jedes Mitglied der Gesellschaft finden oder ob ein Sonderrecht je nach Gruppenzugehörigkeit existiert. Die allgemeine Entwicklung des Rechts und des Rechtsgangs führt Weber auf vier Entwicklungsstufen zurück: »Von der charismatischen Rechtsoffenbarung durch 'Rechtspropheten' zur empirischen Rechtsschöpfung und Rechtsfindung durch Rechtshonorationen

---

97) S.191, WG.

(Kautelar- und Präjudizienrechtsschöpfung), weiter zur Rechtsoktroyierung durch weltliches Imperium und theokratische Gewalten und endlich zur systematischen Rechtssatzung und zur fachmäßigen, auf Grund literarischer und formal logischer Schulung sich vollziehenden 'Rechtspflege' durch Rechtsgebildete (Fachjuristen).«[98] Das rationale Recht entstand im späten Altertum und erlangte in Rom eine höchst rationalisierte Form. Seine endgültige Gestalt verdankt es nicht nur den einmaligen Bedingungen in der okzidentalen Rechtsgeschichte, insbesondere der Tradition des römischen Rechts und Aspekten der mittelalterlichen Rechtskultur, sondern auch den allgemeinen und nicht selten bereichsspezifischen Entwicklungen in der religiösen Sphäre. Denn der ökonomische und politische Sektor der okzidentalen Gesellschaft hat an der Entwicklung einen maßgebenden Anteil. Dieses Recht hat im Prozeß der okzidentalen gesellschaftlichen Rationalisierung eine Rolle der Orientierung sozialen Handelns gespielt.

Der soziologische Begriff des Rechts entwickelt sich bei Weber im Zusammenhang mit dem von ihm umfassend verstandenen Begriff der Ordnung. Genauer: im Zusammenhang mit den verschiedenen Garantien für die Legitimität einer Ordnung. Von »Ordnung« will er nur dann sprechen, »wenn das Handeln an angebbaren 'Maximen' (durchschnittlich und annähernd) orientiert ist.«[99] Eine Geltung einer solchen Ordnung liegt dann vor, wenn diese »Maximen« - die sicherlich dem heutigen soziologischen Verständnis von Normen vergleichbar sind - »irgendwie für das Handeln geltend: verbindlich oder vorbildlich, angesehen werden.«[100] Wie funktioniert die geltende Ordnung in der gesellschaftlichen Rationalisierung? Diese soziologisch bedeutungsvolle Frage kann auch anders formuliert wer-

98) S.504, WG.
99) S.16, WG.
100) S.16, WG. Die Rechtsordnung ist bei Max Weber ein Grundpfeiler normativer Handlungsorientierung in der Gesellschaft; sie ist ein Bezugspunkt für das soziale Handeln.

den: Wozu dient die Rechtsordnung überhaupt? Unter den gesellschaftlichen Funktionen können die Leistungen des Rechts in einem »Komplex von faktischen Bestimmungsgründen realen menschlichen Handelns« liegen. Das Recht ist für Weber die Ordnung, an der das soziale Handeln orientiert ist und die Geltung besitzt. Das soziale Handeln kann von Seiten der Beteiligten an der Vorstellung vom Bestehen einer legitimen Ordnung orientiert werden. Webers Definition des Rechtsbegriffes wird in die Typologie der legitimen Ordnung eingereiht. Die soziologische Geltung, nämlich die Chance der Orientierung menschlichen Handelns, ist im Einzelfall garantiert durch die Chance des Eintritts von psychischem oder physischem Zwang eines eigens darauf eingestellten Stabes von Menschen, des Zwangsapparates. Rechtsordnung und gesellschaftliche Rationalisierung entstanden also in einem symbiotischen Verhältnis. Die Struktur des Zwanges ist dann vorhanden, wenn Personen sich »eigens zur Durchsetzung der Ordnung durch speziell dafür vorgesehene Zwangsmittel (Rechtszwang)« bereithalten.[101] Der Zwang wird rein formal auf Grund der geltenden Ordnung gesetzt. Mit dieser typologischen Festlegung gewinnt Weber viel mehr als eine Fixierung auf die zwangsweise Durchsetzung des Rechts als entscheidenem Merkmal, nämlich den Ansatz für die Zuordnung des Rechts zur emanzipative Wirksamkeit sozialer Organisation, indem der Rechtsstab die Anforderungen der Gesellschaft an verläßliche Entscheidungsfindungen beantwortet, die von der Gesellschaft abstrahieren und sich sachbezogen auf das Recht fixieren. Das Recht trägt also zur Chance der Berechenbarkeit bei. Ohne Rechtsordnung ist eine gesellschaftliche Rationalisierung ausgeschlossen.

---

101) S.192, WG. Zwang wird hier als Abgrenzungskriterium mit Hilfe der Rechtsordnung aufgeführt.

Teil II

Die konfuzianische Ethik und die Entwicklung des Menschentums in Ostasien

I. Max Webers Probleme beim Verständnis Ostasiens

Nach Weber ist die gesellschaftliche Rationalisierung auf das soziale Handeln und die Rechtsordnung als legitimer Ordnung zurückzuführen. Zum rationalen Handeln betont er die Entwicklung des Menschentums, ausgehend von der protestantischen Ethik. Es gab in Ostasien im Vergleich zu dem Okzident faktisch kein soziales Handeln und keine Rechtsordnung als legitime Ordnung, sondern nur die geistige Tradition. Die ostasiatische Weltanschauung kannte keinen Individualismus, sondern sah die Gesellschaftsordnung als allein auf den ethischen Normen des Kollektivismus beruhend an. Zur Aufklärung der ostasiatischen gesellschaftlichen Rationalisierung ist zu untersuchen, weshalb das soziale Handeln nicht entsteht und wie sich trotz allem das ostasiatische Menschentum entwickelt hat. Trotz der Fehlentwicklung des subjektiven Handelns hat die konfuzianische Ethik Menschen dazu gebracht, »aus dem organisch vorgezeichneten Kreislauf des natürlichen Lebens« herauszutreten und ein rationales Leben zu führen.

Weber versucht in seiner Schrift »Gesammelte Aufsätze zur Religionssoziologie I« in einer vergleichenden Analyse des Konfuzianismus und des Protestantismus herauszufinden, welche Kombination von Faktoren an der transformativen Kapazität des Konfuzianismus fehlten. In dieser kulturvergleichenden Forschung versucht er für die Entwicklung des Menschentums relevante Kulturelemente aufzuspüren. Er sieht hier, daß der Konfuzianismus großen Wert auf eine systematische Lebensweise in Kombination mit der Unterdrückung aller spontanen Emotionen und Bedürfnisse legt.[102] Jedoch hat Weber nicht hinreichend erkannt, daß auch ein in der konfuzianischen Ethik entwickeltes Menschentum den Weg der Rationalisierung gehen konnte. Der Konfuzianismus ist bei Weber eine »organische Ethik« und dient dem Protestantismus als Folie. Nach Webers Rationalisierungskonzept ist in der ostasiatischen Kultur die fundamentale Möglichkeit der gesellschaftlichen Rationalisierung ausgeschlossen. Unter dieser Voraussetzung beschäftigt er sich bei der Studie des Konfuzianismus zunächst mit den »soziologischen Grundlagen«, hier vor allem mit der Stadt, dem Feudalismus, dem Recht, dem Kapitalismus und letztlich mit dem Geist des Konfuzianismus. Mit ungewöhnlich scharfem Blick beschreibt Weber die gesellschaftliche Struktur des traditionellen China, besonders die dortige konfuzianische Lebensführung. Diese von ihm untersuchten »sozialen Grundlagen« hatten jedoch meist geringe Bedeutung in Ostasien. Für Weber gehört die Stadt, in Gestalt der »freien Stadt«, zu den Wurzeln der modernen Demokratie und des Kapitalismus. Die Entstehung politisch autonomer Städte wird als einer der wesentlichen Faktoren für das Einsetzen der Modernisierung bezeichnet. Leider besitzen ostasiatische Städte keine Selbstverwaltung und auch keine politische Autonomie. Zudem bilden sie keine rechtlich selbständigen Bezirke, und städtische Individuen haben auch keine Freiheit wie im Okzident. Weiterhin gab es in Ostasien kein formales, gesetztes Recht wie im Okzident, und Geschäfte oder Kaufleute wurden eher vernachlässigt oder diskriminiert. Wenn Weber die »soziologischen Grundlagen« mit dem Familiensystem, dem Patriarchalismus und der patriarchalistischen Gesellschaft und insgesamt systematisch mit der konfuzianischen Ethik untersucht hätte, wären

---

102) Max Weber bestätigt das rationale System des Konfuzianismus, z.B.: »die beiden größten religiös-rationalistischen Mächte der Geschichte: die römische Kirche im Okzident, der Konfuzianismus in China.« (S.326, WG)

das ostasiatische Menschentum und die ostasiatische Gesellschaft besser zu verstehen gewesen.

Um Webers Rationalisierungskonzept kritisch zu kommentieren, möchte ich zunächst die konfuzianische Ethik näher erläutern. Im Zusammenhang mit der Entwicklung des ostasiatischen Menschentums soll deutlich werden, daß Weber die innerweltliche Ethik des Konfuzianismus nicht eindeutig interpretiert hat[103] trotz seiner umfangreichen Ausführungen über das ostasiatische Leben. Die konfuzianische Ethik ist bei Weber in ihren zentralen Aspekten unterschätzt und nicht vollständig untersucht worden, obwohl Ostasien ihr Leben durch eine innere Einstellung auf ein einheitliches Leben führt. Laut Weber ist die konfuzianische Ethik nicht auf die aktive und rationale Ordnung der Welt ausgerichtet, sondern hauptsächlich rational an die Erfordernisse der gesellschaftlichen und kosmischen Ordnung angepaßt.[104] Das konfuzianische Leben paßt das menschliche Handeln an die tradi-

---

103) Max Weber schätzt die asketische Ethik zur Entwicklung des okzidentalen Menschentums. Er schreibt über die konfuzianische asketische Ethik: »Der Konfuzianismus erforderte stetige wache Selbstbeherrschung im Interesse der Erhaltung der Würde des allseitig vervollkommneten perfekten Weltmannes.« (S.527, RS I) Auch die konfuzianische Erziehung wollte Max Weber nach »einen Menschen von bestimmter innerer und äußerer Lebensführung erziehen.« (S.409, RS I) Hier scheint es, daß er die konfuzianische innere Nötigung anerkennt, jedoch ist es in seiner Interpretation über die asketische Ethik des Konfuzianismus schwer zu finden, daß die konfuzianische Ethik die gesellschaftliche Rationalisierung im Grad des okzidentalen Rationalismus fördern kann. Darum führen viele Weber-Forscher die Rationalisierungsfähigkeit in Ostasien nicht auf die unasketische konfuzianische Ethik zurück. In diesem Punkt stimme ich nicht mit Max Weber überein.

104) Max Weber schildert, daß die Konfuzianisten nicht die Welt beherrschen, sondern sich an die Welt anpassen. Ein optimal angepaßter, nur im Maße der Anpassungsbedürftigkeit in seiner Lebensführung rationalisierter Mensch sei aber keine systematische Einheit, sondern eine Kombination nützlicher Einzelqualitäten. (Hier eindeutig: S.527, RS I, und S.521, S.534). Eigentlich besagt die konfuzianische Ethik, daß die Menschen sich nicht an die Welt *anpassen*, sondern daß sie die Welt *beherrschen*.

tionelle Ordnung an, da es im Konfuzianismus keine Idee gibt, die Gesellschaft unter einer Formalität zu regulieren und da es zudem noch kein rationales Recht gab. Jedoch ist diese Anpassung keine besinnungslose Anpassung. An dieser Stelle muß näher darauf eingegangen werden, was die konfuzianische Ethik eigentlich ist und wie das ostasiatische Menschentum entwickelt worden ist, um den alternativen Weg zur gesellschaftlichen Rationalisierung in Ostasien zu finden. Hier will ich zunächst den sozio-kulturellen Hintergrund und dann die innerweltliche Ethik des ostasiatischen Geistes, der das ostasiatische Menschentum beeinflußt hat, erläutern.

II. Der sozio-kulturelle Hintergrund in Ostasien

1. Die kulturellen Grundlagen Ostasiens

Die ostasiatische Kultur hat eine lange Geschichte. Sie existiert seit ca. 1000 v. Chr. und ist bis weit ins 19. Jahrhundert hinein fast unverändert funktionsfähig und in manchen Erscheinungen noch bis die Gegenwart lebendig geblieben.[105] Die kulturelle Quelle Ostasiens ist Alt-China. Der kulturelle Unter-

---

105) Daß die ostasiatische Kultur so lange unverändert geblieben ist, führe ich darauf zurück, daß in Ostasien es keine Dichotomie zwischen »Gott« und der »Welt« herrscht. Daher gibt es keinen »Polytheismus« der Werte, sondern nur einen »Monotheismus« der Werte.

schied zwischen dem Okzident und Ostasien liegt seit Alt-China in dem unterschiedlich wirtschaftlichen Hintergrund und dem unterschiedlichen Glauben. Die kulturelle Quelle Ostasiens war in wirtschaftlicher Hinsicht die Agrargesellschaft und in religiöser Hinsicht der Ahnenkult. Die älteste, historisch nachweisbare Dynastie in China war die »Shang«-Dynastie[106], die von ca. 1750 bis ca. 1050 v. Chr. datiert wird. Sie ist nur aus späteren Texten bekannt. Jedoch galt sie noch bis zum Anfang des 20. Jahrhunderts als halblegendär, bis archäologische Funde (Orakelknochen) ihre Existenz bewiesen haben. Die Namen der Könige und seiner Ahnen konnte man auf den Orakelknochen finden, die bei umfangreichen Ausgrabungen in »Anyang«/Zentralchina (seit etwa 1400 v. Chr. Hauptstadt der »Shang«-Dynastie) gefunden wurden. Zur Zeit der »Shang«-Dynastie bildeten die Jagd als Haupterwerb und gelegentlich auch die Viehzucht der vorherrschende Zweig des wirtschaftlichen Erwerbs. Deswegen fehlten der »Shang«-Kultur Dinge, die für die ostasiatische Kultur, namentlich die Agrarkultur, typisch sind.

Die ostasiatische Kultur ist aus der Agrargesellschaft geboren[107]. Es war für die Menschen, die Ackerbau betrieben, ein unabweisbares Bedürfnis, daß sie den Verlauf ihrer Tätigkeiten dem Naturverlauf und seinen Gesetzen anpaßten. Die Alt-Chinesen glaubten, daß der Naturverlauf die himmlische Ordnung sei, in die sich die menschliche Ordnungen einfügen sollte. Diese agrarische Umgebung war die ostasiatisch-kulturelle Quelle, wo seine Gesellschaftsordnung und Weltanschauung entstand. Hier beschreibt Yu-lan Fung die ostasiatisch-kulturelle Quelle wie

---

106) Die »Shang«-Dynastie wurde in der Geschichte auch als »Yin-Shang«-Dynastie bekannt, die zuerst »Shang« und dann »Yin« gennant wurde (S.7, Song 1983). In der asiatischen Literatur wurde die »Yin«-Dynastie in den europäischen Literatur meistens als »Shang«-Dynastie bezeichnet.

107) Es wird auch von Weber bestätigt, daß die ostasiatische Kultur aus einer typisch bäuerlichen Gesinnung heraus geboren ist. Vgl. Fn.1, S.350, RS I.

folgt: »The ancient Chinese and Greek philosophers not only lived under different geographic conditions, but different economic ones as well. Since China is a continental country, the Chinese people have to make their by agriculture. Even today the portion of the chinese population engaged in farming is estimated at 75 to 80 percent.«(S.17) »In this observation of the Lü-shih Ch'un-ch'iu, we find the root and source of the two main trends of Chinese thought, Taoism and Confucianism. They are poles apart from one another, yet they are also the two poles of one and the same axis. They both express, in one way or another, the aspirations and inspirations of the farmer.«(S.19) »Taoism and Confucianism differ because they are the rationalization or theoretical expression of different aspects of the life of the famers.(S.20)«[108] In der Agrargesellschaft war die Familie eine wichtige Grundlage. Hier wurde der Ahnenkult geboren, der die patriarchische Autorität nach sich zog. Das Familiensystem beruhte in der »Shang«-Dynastie noch nicht auf der patriarchalischen Autorität. Diese und andere Dinge bildeten sich erst mit der neuen Dynastie, der »Tschou«-Dynastie heraus.[109] Seit der »Tschou«-Zeit (ca. 1050 v. Chr.) entwickelte sich die Landwirtschaft zum leitenden Zweig der Wirtschaft. Die Seßhaftigkeit und die geleitete Gemeinschaftsarbeit, die durch die landschaftliche Bedingungen verursacht wurde[110], bedeuteten einen radikalen Wechsel der Ge-

108) Fung (1952): A History of Chinese Philosophy

109) In der europäischen Literatur wird diese Dynastie, wie »Chou«, »Zhou«, »Dschou« oder »Tschou« (Max Weber) buchstabiert.

110) Die charakterische Bodenformation und das Schicksal Wasser hat die Haltung der alt-chinesische Gesellschaft stark geformt. Die Gegend um »Tschou« war der Löß. Der Löß eignet sich für die landwirtschaftliche Ausbeutung in hervorragendem Maße. Jedoch erhält der Löß von Natur aus nur selten eine geeignete Menge an Wasser. Ohne Eingriff des Menschen konnte also die Ackerfrucht nicht gesichert werden. Die Beschaffung des Wassers band die alt-chinesische Gesellschaft zu gemeinschaftlicher Arbeit zusammen. Wasserzuführende Anlagen in überlokalem Stil wurden in der »Tschou«-Zeit unternommen und haben wesent-

sellschaft. Dieser Punkt war die Geburt der alten ostasiatischen Zivilisation. Unter den landwirtschaftlichen Bedingungen entwickelten sich das Familiensystem und der Patriarchalismus, der aus der religiösen Weihe, dem Ahnenkult, geboren wurde. Unter dieser Sozialordnung, einem festen Familiensystem und einem familiären Patriarchalismus, entwickelte sich in Ostasien eine andere menschliche Gesinnung als im Okzident.

(1) Die Entstehung der traditionellen Sozialordnung

a) Soziale Normen im Familiensystem

Die wichtigste Funktion sozialer Normen und die Folge des richtigen Verhaltens jedes Einzelnen ist die Bewahrung der Ordnung innerhalb der Gesellschaft. Die alt-chinesischen bzw. ostasiatische sozialen Normen gehen auf das Familiensystem zurück. Die Familie, gemeint ist die Großfamilie, stellte die wichtigste soziale Einheit in der ostasiatischen Gesellschaft dar. Im Vergleich zu Europa entwickelte sich das Familiensystem in Ostasien bereits seit ca. 1000 v. Chr. Die Familie bildete die elementare soziale Institution. Zur früheren Familie gehörten alle Verwandten bis hin zur vierten Generation, die eine Ordnung benötigten. Deshalb war ursprünglich das fundamentalste Ordnungsprinzip der ostasiatischen Gesellschaft nicht das Gesetz wie im Okzident, sondern die verwandtschaftliche Gliederordnung. Diese Gliederordnung spielte in der Reichs- und Lokalverwaltung als

---

lich dazu beigetragen, die gesellschaftliche und staatliche Ordnung zu errichten und neue Kulturen zu lassen.

wirtschaftlicher und politischer Selbsthilfeverband eine entscheidende Rolle.

Das Familiensystem ist aus der Landwirtschaft geboren. Als die Landwirtschaft noch nicht oder nur als Nebenerwerb neben der Jagd, dem Fischfang und gelegentlich auch der Viehzucht betrieben wurde, hatte das Familiensystem wenig Bedeutung, da es ohne feste Wohnsitze keine Großfamilien herausbilden konnte. Erst seit Anfang der »Tschou« Zeit (ca. 1050 v. Chr.) legte man mehr und mehr Gewicht auf die Landwirtschaft. Das »Tschou« verlor nach und nach seine Abhängigkeit von den weidenden Herden. In dieser Zeit wurde die landwirtschaftliche Beschäftigung unter den frühen »Tschou« klarer und gefestigter. Nach »Tschou-Li« (Bräuche der »Tschou«-Zeit) waren die Chinesen ein Bauernvolk. Das zeigt sich an der Staffelung der Berufe, in der die Bauern über die anderen gestellt wurden. Über die Staffelung der Berufe in Ostasien und die Betonung der Agrarwirtschaft schreibt Fung: »In the social and economic thinking of Chinese philosophers, there is a distinction between what they call 'the root' and 'the branch'. 'The root' refers to agriculture and 'the branch' to commerce. The reason for this is that agriculture is concerned with production, while commerce is merely concerned with exchange. One must have production before one can have exchange. In an agrarian country, agriculture is the major form of production, and therefore throughout Chinese history, social and economic theories and policies have all attempted 'to emphasize the root and slight the branch'. The people who deal with the 'branch', that is, the merchants, were therefore looked down upon. They were the last and lowest of the four traditional classes of society, the other three being scholars, farmers, and artisans. The scholars were usually landlords, and the farmers were the peasants who actually cultivated the land. These were the two honorable professions in China. A family having 'a tradtion of studying and farming' was something of which to be proud. Although the 'scholars' did not actually cultivate the land themselves, yet since they were usually landlords, their fortunes were tied up with agriculture. A good or bad harvest meant their good or bad fortune, and therefore their reaction to the universe and their outlook on life were essentially those of the farmer. In addition their education gave them the power to express what an actual farmer felt but was incapable of expressing himself. This expression took the form of Chinese philosophy, literature, and art.«[111] Das Fundament der alt-ostasiatischen Ordnung war die Familie mit ihren moralischen und sozialen Vorschriften. Seßhaftigkeit und geleitete Gemeinschaftsarbeit der Landwirtschaft waren eine Bedingung zur Entwicklung der sozialen Ordnung. Das Familiensystem bildete die Keimzelle für Ordnung und Disziplin und das zentrale Organisationsmuster der ostasiatischen Gesellschaft. Der Staat war nur ein erweitertes Abbild der Familie. Der gesamte Staat funktionierte wie eine große Familie. Marcel Granet schildert *das Leben in der Familie* präzise: »Wenn man den Chinesen glauben will, war bei ihnen die kindliche Pietät von frühester Zeit an die Grundlage der häuslichen und sogar der zivilen Moral. Die der väterlichen Autorität geschuldete Ehrerbietung wird als die höchste Pflicht erachtet, als die grundlegende Pflicht, aus der alle weiteren sozialen Verpflichtungen entspringen. Wenn also dem Herrscher Gehorsam geschuldet ist, dann deshalb, weil das Volk in ihm einen Vater sieht. Wie auch immer die Regierung sein mag, ihre Autorität ist dem Wesen nach immer patriarchalisch, denn die Pflichten gegenüber dem Staat sind nur als Ausweitung der familiären Verpflichtungen vorstellbar: aus dem frommen Sohn entsteht der loyale Untertan. Sobald der Vater seinen Sohn in Pietät (hsiao) unterrichtet hat, hat er ihn auch Loyalität (chung) gelehrt. Der Vater ist demnach der erste Beamte, und die Funktion, die er ausübt, wird nach klassischer Theorie nicht an ihn delegiert, sondern ist sogar ein Recht, das ihm von Natur aus

---

111) S.17-18, Fung 1952. Diese Staffelung der Berufe hatte bis Ende des 19. Jahrhunderts Bestand.

verliehen wurde.«[112] Es gibt natürlich in jeder Familie in den verschiedenen Kulturen innere Beziehungen der Über- und Unterordnung, die primär auf Alters- und Geschlechtsunterschieden beruhen. Aber das ostasiatische Familiensystem wurde durch den Konfuzianismus allmählich systematisiert, verfestigt und lieferte alle ethischen und moralischen Richtlinien, die das Zusammenleben der Menschen in der täglichen Praxis über mehrere Jahrtausende hinweg regelten und die die menschliche Haltung in Ostasien charakterisierten. Innerhalb der Familie haben alle Beziehungen etwas »Natürliches«, da sie schon als durch die »Bande« des Blutes gefestigt gelten. Die Gesellschaft unter dem Familiensystem setzt sich nicht zusammen aus einzelnen Menschen, die einander unterschiedslos gegenüberstehen. In der familialen Gesellschaft kann ein fest gegliederter Organismus beobachtet werden, in dem jeder seinen festen Platz hat. Drei der fünf zwischenmenschlichen Beziehungen[113], auf die sich die sozialethische Ordnung Ostasiens gründet, basierten auf der Familie: Vater-Sohn, Ehemann-Ehefrau und älterer Bruder-jüngerer Bruder. Die beiden anderen stellen eine Erweiterung der familialen Beziehungen dar: Herrscher-Untertan und älterer Freund-jüngerer Freund. Dementsprechend ist die Ordnung des Zusammenlebens der Menschen in der Welt notwendig zunächst die Ordnung in der Familie, dann auf Grund davon die Territorialstaaten, erweitert auf das gesamte Reich.[114] In diesen sozialen Normen konnte das soziale Handeln entfaltet werden. Diese soziale Haltung des Familialismus blieb auch nach der Industrialisierung Ostasiens erhalten.

---

112) S.172, Granet 1985a.

113) Alle fünf Beziehungen sind nach dem Muster von Familienbindungen konstruiert. Diese Beziehungen werden oft als Kardinaltugend der sozialen Normen bewertet

114) Im Konfuzianismus ist der Staat stufenweise entwickelt: vom Individuum zur Familie, von der Familie zum Staat, mit dem Schwergewicht dieser Entwicklung auf der ethisch-moralischen Ausbildung der Familie.

b) Der Patriarchalismus

In Ostasien basiert die Ordnung des Familiensystems hauptsächlich auf dem Patriarchalismus. Weber definiert den »Patriarchalismus« als einen Zustand, »daß innerhalb eines, meist, primär ökonomischen und familialen (Haus-) Verbandes ein (normalerweise) nach fester Erbregel bestimmter Einzelner die Herrschaft ausübt.«[115] So kann man verstehen, daß der Patriarchalismus aus der festen häuslichen Gemeinschaft unter der Autorität eines Hausherrn entstanden ist. Der Kern des Patriarchalismus ist die Autorität des Vaters, die sich auf ein absolut moralisches Verhalten gründet. Die patriarchale Struktur ist nach Weber das vorbürokratische Prinzip. Der Patriarchalismus in Ostasien funktionierte nicht nur als das vorbürokratische Prinzip, sondern ist noch heutzutage als funktionierende Gesellschaftsordnung gültig. Weber führt die Genese der Autorität des Vaters auf die physische Kraft und die Gewöhnung des Kindes zurück. Die ostasiatische Autorität des Vaters beruht nicht nur auf der »normalen Überlegenheit der physischen und geistigen Spannkraft«[116] des Mannes und des Vaters, und sie kann in Ostasien auch nicht nur auf »das erwachsene Kind die Gewöhnung, nachwirkende Erziehungseinflüsse und festgewurzelte Jugenderinnerungen«[117] zurückgeführt werden. Die einzigartige Autorität des Vaters in Ostasien ist in einem alt-religiösen Element, nämlich dem Ahnenkult, verfestigt. Als im alten China die Seßhaftigkeit und das Familiensystem begann und man sich mit der Landwirtschaft befaßte, hatte man seine Zusammengehörigkeit in erster Linie im gemeinsamen Ahnenkult gefunden. In der Agrargesellschaft glaubte man, daß es Mächte gibt, die die

115) S.133, WG.
116) S.581, WG.
117) S.581, WG.

agrare Beschäftigung und das Leben schützen. Hier war der Faktor, aus dem heraus die Alt-Religion entstand. Der Ahnenkult war der Glaube daran, daß die Ahnen die Nachkommen schützen oder, wenn ihnen die Nachkommen nicht gefallen würden, sie bestrafen würden. Unter diesem altreligiösen Grund entstand die Autorität des Vaters in Ostasien. Daher leitet sich die Autorität des Vaters »nicht von einem Befehlsrecht her, das er auf Grund seiner Vaterschaft innehat, sondern von der Tatsache, daß der Sohn, genauer der älteste Sohn, in ihm einen künftigen Ahnen sieht. Da er dazu bestimmt ist, dem Kult für seinen Vater vorzustehen und in dieser Stellung Autorität über seine jüngeren Brüder auszuüben, ist er bestrebt, in seinem Vater zu dessen Lebzeiten jene heilige Kraft aufzubauen, die diesen befähigt, die Position eines Ahnen einzunehmen. Er sorgt dafür, daß sein Vater das Leben eines Vornehmen führen kann, er behandelt ihn als Oberhaupt, er bringt ihm Ehren dar, die ihm die Würde eines Fürsten verleihen. [...] Das Leben des Sohnes [...] ist eine einzige, lange Bemühung, sich seinem Vater anzuschließen. [...] Der Sohn verhält sich in Anwesenheit des Vaters wie der Vasall in Anwesenheit des Lehnsherrn und - nichts könnte die feudalen Ursprünge der vaterlichen Autorität besser zeigen - alle Riten, mit denen sich der Sohn seinem Vater nähert, alle Riten, in denen die agnatische Zugehörigkeit geschaffen wird, unterscheiden sich nicht von denen, die die Vasallenschaft verleihen.«[118] Dieser Ahnenkult war zur Verinnerlichung der Omnipotenz des Vaters der wichtigste Mechanismen zur Festigung der patriarchalischen Sippenherrschaft. Die ahnenkultische Weihe, welche besonders die verwandschaftlichen und persönlichen Beziehungen empfingen, schuf den Patriarchalismus.

Die feste Ordnung des Ahnenkultes dürfte erst in der »Tschou«-Dynastie (ca.1050 v. Chr.) ihren Anfang haben. Die Autorität der Eltern gegenüber ihren Kindern wurde in der konfuzianischen Philosophie durch

118) S.181f, Granet 1985 a.

die kindliche Ehrfurcht mechanisiert. Die kindliche Ehrfurcht gegenüber den Eltern[119] war in der ostasiatischen Gesellschaft eine in der menschlichen Natur begründete absolute Verpflichtung, die bis heute gilt. Deswegen muß sie einen adäquaten Ausdruck finden, unabhängig von den zufälligen Verhältnissen des Objekts dieser Ehrfurcht. Die ahnenkultische Weihe wird heutzutage vernachlässigt, jedoch ist die in die Tradition verschmolzene väterliche Autorität bis heute wie ein »Verhängnis eines stahlharten Gehäuses«[120]geblieben. Diese patriarchalische Autorität beeinflußte die politische Gesinnung in Ostasien, die patrimonialistisch war. Der Begriff Patrimonialismus wird von Weber als Oberbegriff für all jene Formen traditionaler Hausherrschaft verwendet, und zwar »daß der Patrimonialismus im engeren wie im weiteren Sinne idealtypisch gesehen eine Erweiterung der hausherrschaftlichen Struktur darstellt.«[121] Die patrimoniale Herrschaft hat die Tendenz, die Untertanen ebenso schrankenlos der Herrengewalt zu unterwerfen, wie die der hausherrlichen Gewalt unmittelbar unterstehenden Personen. Diese patrimoniale Herrschaftsstruktur entsteht aus dem Patriarchalismus. Folglich ist der Patrimonialismus ein institutioneller Niederschlag des Patriarchalismus. Unter diesem alt-ostasiatischen Familensystem und dem Patriarchalismus entwickelte sich die herrschende ostasiatische Sozialordnung und deren Menschentum.

---

119) Chinesisch »Hioyo« wurde als die kinderliche Ehefurcht übersetzt. Das ist Kinderliebe oder Pietät.

120) S.203, RS I.

121) S.80, Breuer/Treiber/Walther 1982.

(2) Philosophie

a) Die Entstehung der ostasiatischen Philosophie

Die ostasiatische Philosophie wurde aus der Agrargesellschaft geboren. In der alt-chinesischen Agrargesellschaft gab es keine Dichotomie zwischen Gott und der Welt. Der Gott Ostasiens ist kein transzendentaler Gott. Daher wurde in der Philosophie die metaphysische Seite wenig berücksichtigt und man beschäftigte sich dagegen mehr mit dem praktischen Leben. Die Philosophie Ostasiens wurde in der Zeit zwischen ca.600 und ca.200 v. Chr. unter der dauernd weiterwirkenden Grundlage der chinesischen Gesellschaftsordnung und des Geisteslebens geschaffen und weitgehend gefestigt. In den ersten Jahrhunderten der »Tschou«-Dynastie (ca. 1000 v. Chr.) übten die Könige eine starke Autorität aus. Die Gesellschaft blieb stabil. Jedoch ging die Autorität des Zentralherrschers seit dem 8. Jahrhundert v. Chr. immer mehr zurück und es begann die sog. »Chaos«-Zeit.[122] Die Ursache für diese Zeit ist auf eine große soziale Mobilität zurückzuführen: nämlich auf eine wachsende Bevölkerung, die eine Ausbreitung der Städte, eine Emanzipation der Bevölkerung, die technische Revolution so-

122) Diese Zeit war geschichtlich die Östliche »Tschou«-Dynastie (770 -221 v. Chr.) und wird häufig in zwei Epochen »Frühling- und Herbst-Periode« und »Periode der Kampfstaaten« unterteilt: die »Frühling- und Herbst-Periode« (770-476 v. Chr.), benannt nach den »Frühling- und Herbst-Annalen« jener berühmten Chronik des Staates »Lu«, die von Konfuzius diesen Zeitraum umfaßt und wegen der jahreszeitlichen Vermerke zu Beginn der einzelnen Abschnitte »Frühling und Herbst« genannt wurden, und die »Periode der Kampfstaaten« (475-221 v. Chr.), ebenfalls nach einem historischen Werk benannt, das diese Zeit behandelt.

wie die Verbreitung der Eisenverarbeitung mit sich brachte. Durch den Rückgang der Zentralherrschaft herrschte Rivalität zwischen den Territorialfürsten. Das Konkurrenzstreben um die militärische, politische und wirtschaftliche Macht führte zu ständigen Kriegen und diplomatischen Manövern. In dieser Zeit vollzog sich in China eine große soziale Umwälzung. Die überlieferte Gesellschaftsordnung wurde von Grund auf zerstört, und es entstand ein gesellschaftliches Vakuum. Es entstanden Hunderte von Fürstentümern, Grafschaften und Städte, die zu unabhängigen Staatswesen wurden. Die größeren Staaten vermehrten ihren Machtbereich und ihr Gebiet, indem sie in ständiger Fehde standen und kämpften.

Die Auflösung der alten Ordnung sowie die politischen Wirren forderten neue Ideen. Insbesondere in der letzten Phase der »Frühling- und Herbst-Periode« und in der »Periode der Kampfstaaten« (ca. 600 bis 200 v. Chr.) traten zahllose Denker auf, die ihre Gedanken der praktischen Politik zuwandten. Deshalb wird diese Zeit auch als das Zeitalter der »Hundert Philosophischen Schulen«[123)] bezeichnet. Als Ausweg aus dieser Krise hatte jede Schule ihre eigene Strategie. In dieser Zeit entwickelten sich die wesentlichen Grundlagen des ostasiatischen Geisteslebens und es war eine Zeit der produktiven Auseinandersetzung zur ordentlichen gesellschaftlichen Ordnung. Gelehrte wanderten mit ihren Schülern von Hauptstadt zu Hauptstadt, um den Feudalherren als Berater zu dienen. Die Philosophen waren entweder praktische Politiker am Hofe eines Fürsten, dem sie ihre Ideen für die Lösung der politischen Probleme anboten, oder sie betätigten sich als Lehrer und gaben ihre politischen Ideale an eine möglichst große Schülerschar weiter. Es gab drei wichtige Schulen: Die Konfuzianisten, Taoisten und Legalisten. Man kann diese Ideen nicht als Religion

---

123) Der Begriff der »Hundert Schulen« wurde erstmals von Historikern der »Han«-Dynastie (206 v. Chr.-220 n. Chr.) benutzt, um klassische Texte zuvor eingeteilten Gruppen zuzuordnen.

bezeichnen, sondern sie sind eine Art Gesellschaftsphilosophie. Zunächst einmal hatten sie alle dasselbe Ziel, nämlich die Beendigung der Zersplitterungskrise und die Wiederherstellung einer heilen Ordnung. Sie beschäftigten sich mit der Regierung des Reiches und der Welt. Die humanistische Position der Konfuzianer, die die gesellschaftliche Ordnung durch Tugend forderten, versuchte die überkommene Sozialordnung der Westlichen »Tschou«-Dynastie (ca.1050 - 722 v. Chr.) wieder herzustellen und hob die rituelle Sitte als das wichtigste Korrektiv in den zwischenmenschlichen Beziehungen hervor. Zur Herstellung der Alt-Ordnung förderten die Konfuzianer das »Ren«[124)] als ein neues Konzept. Die anarchistische Position der Taoisten, die nach der Rückkehr ein vorkulturelles Stadium ohne jede Differenzierung zwischen Herrschenden und Beherrschten verlangten, war eine innere, individuelle Freiheit. Ihrer Betrachtung nach stand die gesellschaftliche Ordnung nicht in der zwischenmenschlichen sozialen Ordnung, sondern in der großen natürlichen Ordnung. Die Legalisten ihrerseits, die die Ausübung der Staatsgewalt rein mechanistisch aus dem Blickwinkel des Herrschers sahen, bemerkten von ihrem realistischen Standpunkt aus, daß nur eine gestärkte Autorität des Herrschers und die objektive Herrschaft des Gesetzes den Staat aus dem Chaos retten könne.

b) Die geistigen Traditionen -Konfuzianismus und Taoismus

Von den drei bedeutenden Schulen war der Legalismus keine taugliche Idee in Ostasien. Konstruktiv hingegen waren der Konfuzianismus und der Taoismus. Die drei wichtigen geistigen Traditionen, die vor allem das Wesen Ostasiens prägten, waren Konfuzianismus,

124) Siehe Kapitel IV: Konfuzianische Lehre.

Taoismus und Buddhismus. Alle drei Traditionen entstanden ungefähr zur gleichen Zeit, in der Mitte des ersten Jahrtausends vor Christus. Konfuzianismus und Taoismus waren keine Religion, sondern eine Lehre der Sozialgesinnung. Der Buddhismus hingegen war eine Religion, die jedoch nicht aus Ostasien stammte, sondern aus Indien übernommen wurde. Der Buddhismus, der erstmals im Jahre 65 n. Chr. nach China kam, von dort weiter nach Korea und von Korea aus nach Japan verbreitet wurde, erfuhr ein wechselhaftes Schicksal unter den verschiedenen Dynastien. Hin und wieder erlebte der Buddhismus eine Blütezeit. Es hatten sich diverse Sekten von spezifisch ostasiatischem Charakter entwickelt. Einige wandten sich an die gebildete Oberschicht und sowohl Mönche als auch Laien brachten eine große Vielfalt gelehrter Literatur hervor. Trotzdem konnte der Buddhismus das natürliche Empfinden der Ostasiaten innerlich nicht beeinflussen. Das buddhistische Moment hat in Gesellschaft und Politik der ostasiatischen Welt nur sporadisch eine Rolle gespielt. Die soziologische Ansicht, nämlich welche Tradition das Leben reglementiert hat, im Sinne der Sicht von Weber über den Protestantismus im Okzident, gilt der Konfuzianismus unbestritten als die herrschende Idee in der sozialen Geschichte Ostasiens. Die Sublimierung der Ethik in die lebendige Kultur, »ein vom Standpunkt des Menschen aus mit Sinn und Bedeutung bedachter endlicher Ausschnitt aus der sinnlosen Unendlichkeit des Weltgeschehens«[125], kann man in Ostasien im Konfuzianismus finden. Die taoistische Beeinflussung darf man nicht unterschätzen, jedoch ist der unmittelbare Einfluß auf das subjektive Handeln sehr gering. Die taoistische Philosophie ist selbst ungesellschaftlich und blieb auch immer stark ordnungsfeindlich. Der Konfuzianismus ist die *Haupt-Philosophie*, die die Ostasiaten in ihrem gesellschaftlichen und politischen Leben tief geprägt hat.

---

125) S.180, WL.

(aa) Der Konfuzianismus

Der Konfuzianismus gilt als Synonym für das traditionelle Ostasien. Er ist keine Religion, wohl aber zur Religion der Gesellschaft geworden. Deswegen sagt man, daß der Konfuzianismus ein Prinzip der Steuerung der Gesellschaft ist. Der Konfuzianismus ist eine ethische Philosophie, die sich hauptsächlich für politische Stabilität und gesellschaftliche Harmonie einsetzt, die wiederum durch ausgewogene Beziehungen zwischen den Mitgliedern der verschiedenen politischen Rangstufen gesichert werden sollen. Der Konfuzianismus ist zwar ein staatlicher Kult, jedoch nicht magisch, sondern ethisch verankert. Wie Weber sagt, wird diese ethische Verankerung des Konfuzianismus nicht religiös, sondern politisch-sozial begründet. Seit ca.200 v. Chr. bis zum Beginn des 20. Jahrhunderts wurde das ostasiatische Rechts- und Staatsdenken in erster Linie durch diesen Konfuzianismus geprägt. Seine Wirkung ist unmittelbar verflochten mit der Geschichte sozialer Beziehungen, moralischer Normen und gesellschaftlichen Umgangs in Ostasien.

Der Begründer des Konfuzianismus ist Konfuzius (551-479 v. Chr.). Nach der Auflösung der stabilen Westlichen »Tschou«-Dynastie (ca.1050 - 770 v. Chr.) erlebte Alt-China eine ca.500 Jahre lange Chaos-Zeit (ca.von 700 bis 222 v. Chr.). Konfuzius wurde in dieser Zeit geboren und erlebte sie persönlich mit. Der Verfall der alten Ordnung wurde von ihm als Verfall der gesellschaftlichen Ordnung reflektiert. Um die Gesellschaft wieder zu stabilisieren - das oberste Ziel Konfuzius - sollten die alten Formen patriarchalischer Ordnung der Westlichen »Tschou«-Dynastie wiederhergestellt werden. Die Menschen sollten in das Netz des patriachalischen Systems eingeflochten werden, damit der Mensch zu einem Knoten in diesem einheitlichen Netz wird. Dieses Ziel war in der Lehre philosophisch systematisiert. Diese Lehre Konfuzius' ist der Konfuzianismus. Konfuzius war in der Tat der erste chinesische Philosoph, der die Gedanken, die schon Jahrhunderte vor seiner Geburt sich herausbildeten, formulierte und in eine Art System zusammenfaßte.[126] Er bemühte sich Zeit seines Lebens um einen ethisch-humanen Willen. Der Konfuzianismus wurde auf der überlieferten traditionellen Sozialordnung, Familiensystem und Patriarchalismus, aufgebaut, die an »Brüderlichkeit« und Vertrauen zwischen ihren Mitgliedern gebunden ist. Aus der konfuzianischen Sicht ist die Familie eine unauflösliche Grundeinheit jeder zivilisierten Gesellschaft. Die Urbindungen, wie z.B. die fünf kardinalen Hauptbeziehungen zwischen Vater und Sohn, Mann und Frau, Geschwistern und Freunden, und zwischen Herrscher und Untertan werden als Leitwerte der menschlichen Existenz sehr ernst genommen. Seine Absicht war es, den durch die Tradition geheiligten Normen, die das korrekte Verhältnis der Menschen in der Gesellschaft regelten und bei genauer Beachtung eine sittliche Wandlung im Menschen bewirken sollten, in einer Gesellschaft, die sowohl sittlich wie auch politisch zerfallen war, zu neuer Gültigkeit zu verhelfen.

Die Ideen von Konfuzius sind uns in seinen »Gesprächen (Lun-yü)« überliefert. Es sind Aussprüche und Antworten, die er im Gespräch mit seinen Schülern von sich gab und die die späteren Schülergenerationen aufzeichneten. Die »Gespräche« stellen kein systematisches Gedankengebäude dar, sondern bestehen im Grunde nur aus Gesprächsfetzen. Die konfuzianische Philosophie hatte, wie Weber korrekt schreibt, »weder spekulativ-systematischen Charakter, wie die helleni-

126) Konfuzius proklamierte aufgrund seiner Überzeugung das »Li« der »Tschou«-Dynastie als die ideale Gesellschaftsordnung. Er wollte die »Li«-Ordnung weiterleiten und weiterentwickeln. Deswegen wollte er selbst kein Erneuerer sein, sondern nur die Lehren der alten Weisen fortsetzen. In der Tat war jedoch seine Ethik nicht nur eine Fortsetzung, sondern er brachte eine eigene neue Ansicht, und zwar die neue »Ren«-Interpretation, die als seine neue Philosophie bezeichnet wird.

sche und teilweise wie die indische und die okzidental-theologische Schulung, noch rational-formalistischen, wie die okzidental-juristische, noch empirisch-kasuistischen, wie die rabbinische, die islamische und teilweise wie die indische. Sie gebar keine Scholastik, da sie nicht wie der Okzident und der vorderasiatische Orient - beide auf hellenischer Basis - eine fachmäßige Logik betrieb.«[127] Jedoch war sie ein wichtiger erster Schritt in Richtung ostasiatische Zivilisation. Noch wichtiger ist, daß die konfuzianische Ethik das ostasiatische Menschentum entwickelt hat. Auffallend ist, im Vergleich zu der okzidentalen Philosophie, daß der Konfuzianismus an sich von metaphysischen Interesse in sehr hohem Grade frei ist.[128] Er erkennt zwar die Autorität des Himmels und vage auch die der Geister an, aber er nimmt sie gleichsam als Naturgegebenheiten hin und stellte keinerlei Spekulationen über sie an. Es wäre also deshalb abwegig, den Konfuzianismus als eine Religion zu verstehen.

Das Kardinalziel des Konfuzianismus besteht darin, durch Kultivierung der Menschen eine kosmische Ordnung in der Gesellschaft zu schaffen. Er tritt für eine vernünftige, auf persönliche Bilder gegründete, ethisch ausgerichtete Sozialordnung ein. Zur Ordnung der Gesellschaft erfordert der Konfuzianismus zunächst eine stetige, wache Selbstbeherrschung und dann das richtige Verhalten seinen Mitmenschen gegenüber. So ist das Charakteristische am Konfuzianismus die Abschaffung der Unterscheidung zwischen Ethik und Politik. Auch die Methode ist unverkennbar ethisch, im Gegensatz zu den Legalisten, die den Staat durch eine strenge Anwendung der Gesetze zu regieren versuchten. Diese anfänglichen Ansätze des Konfuzianismus wurden durch die Anhänger Konfuzius' weiterentwickelt. Zwar vertraten sie untereinander verschie-

---

127) S.415, RS I.

128) S.443, RS I. Es war dies eine wesentliche Abweichung, die die okzidentalen von der ostasiatischen Kultur unterscheidet.

dene Standpunkte, jedoch hatten sie soviel gemein, um zusammen zum Aufbau der konfuzianischen Tradition beizutragen.

(bb) Der Taoismus

Während die Lehren Konfuzius' die gesellschaftliche Ordnung durch eine Kultivierung der Menschen aufrecht erhalten wollte, gab es eine philosophische Schule der »Natur«, die im wesentlichen eine absolute »Laisser-faire«-Politik betreiben wollte. Ihr Grundbegriff war das »Tao«, von dem ihr Name herrührt. Das Wort »Tao« heißt wörtlich »Weg«, der »Pfad« und bedeutet eigentlich »die ewige Ordnung des Kosmos und zugleich dessen Ablauf selbst.«[129)] Das »Tao« entwickelte sich in der Agrargesellschaft in Alt-China und hatte erst zuvor einen religiösen oder magischen Begriff wie bei Tai: »Die Bestellung des Ackers und alles was damit zusammenhing, war der Mittelpunkt des religiösen Lebens des Bauernvolkes. Man glaubte, daß es im Jenseits eine Naturmacht gibt, die sich nach den Aufgaben und Bedürfnissen des Ackerbaus gestaltet und sich im Wachsen und Reifen der Ernte kundigt, um das Leben der Erde zu schützen. Das 'Tao' bezeichnete deshalb ursprünglich die Naturordnung, das höchste Sein, welches das Spiel der Naturmacht in Bewegung setzt und hält. Die Aufgabe der Naturmacht besteht darin, das Wachsen, Blühen und Reifen der irdischen Natur hervorzubringen und darüber zu herrschen. Damit kommt die Philosophie in dem Axiom zum Ausdruck, daß Kosmos oder Himmel, Erde und Menschen durch eine Natur- und Weltregel regiert werden.«[130)] Das »Tao« wurde nicht nur vom Taoismus und auch nicht nur als

---

129) S.467, RS I.
130) S.26, Tong-schung Tai.

ein »an sich orthodox konfuzianischer Begriff«[131) vertreten, sondern der Begriff »Tao« wurde in der philosophischen Literatur des chinesischen Altertums von den verschiedenen Schulen unterschiedlich aufgefaßt. Bei den Konfuzianisten, die diesen Terminus meist im Sinne von »richtigem Weg« gebrauchten, wurde es gelegentlich auch dem Wirken oder Wollen des Himmels (Gott) gleichgesetzt. Das Himmelreich als Ganzes bewachte Kontinuität und Legitimität der Gesellschaftsordnung. Der Himmel ist für die Konfuzianisten nicht ein willkürlich waltender göttlicher Tyrann, sondern die Verkörperung einer Gesetzmäßigkeit oder der Vernunft. Die Ordnung des Himmels, die kosmische Ordnung, entspricht weiterhin der Ordnung der Welt. Darum ist das »Tao« im Konfuzianismus eine feststehende, unverbrüchliche, richtige Ordnung, eine richtige Verhaltensregel, und es handelt nicht eigenmächtig, sondern nach dem Weltgesetz. Das »Tao« der Taoisten bedeutet aber nicht wie bei den Konfuzianisten den Weg des Menschen, sondern das spontane Naturgesetz, das, was »von selbst« im Himmel und auf Erden geschieht. Daher versuchte die Lehre der Taoisten einen Weg zu finden, die irdische Existenz des Menschen mit dem Naturgesetz (»Tao«) in Einklang zu bringen. Diese Lehre ist in einem kleinen Buch enthalten, dem »Tao-te-king«. Im Taoismus ist das »Tao« als eine Naturordnung des letzten Daseinsgrundes allen Seins zu verstehen. Die Naturordnung des Taoismus besagt, daß der Mensch sich nach der Erde richtet, die Erde nach dem Himmel, der Himmel nach dem »Tao« und das »Tao« seine Regel in sich selbst hat (Tao-te-king, Kapitel 25). »Tao« ist nicht in Bewegung, sondern im Zustand der Ruhe, es ist leer, das heißt nicht material, einzig in seiner Art, denn es gibt nichts außer ihm, und es ist unveränderlich in seinem Wesen. Das »Tao« im Taoismus erzeugt alle Wesen, pflegt sie und bringt sie zur Reife. Trotzdem überläßt das »Tao« alle Wesen im gesamten Kosmos der eigenen Verantwortung. Diese Selbstverantwortung gilt nicht nur in der kosmischen, sondern ebenso in der

---

131) S.466, RS I.

menschlichen Ordnung. Die Herrscher tragen die Verantwortung durch die Verbundenheit mit dem »Tao« vor sich selbst. Die Herrscher spielen keineswegs die Rolle der Schöpfer dieser Ordnung, sie sind vielmehr nur Vollzieher der wirkenden Kraft des »Tao«. Nur so kann es ihnen gelingen, eine harmonische Ordnung in der menschlichen Gesellschaft aufrechtzuerhalten. Diese Ordnung darf nicht von Menschen gestört werden und man kann sie auch nicht in sie hineinstören. Hier bietet der Taoismus einen anarchistischen Individualismus an. In diesem Punkt stand der Taoismus im Gegensatz zum Konfuzianismus. Er war als eine Philosophie des Protests gegen die moralische und politische Einengung der Persönlichkeit zu deuten. Die Taoisten verabscheuten jede künstliche Zivilisation des Menschen und forderten die Rückkehr zum Naturzustand und predigten Freiheit und Unabhängigkeit des Menschen, dessen Trachten allein auf das Einswerden mit der Natur gerichtet ist. Darum kann man die Haltung der Taoisten auch als Kultur- oder Gesellschaftskritik bezeichnen. Das Übel entsteht ihrer Meinung nach erst durch die sozialen Unterscheidungen, also genau durch das, was die Konfuzianer als Voraussetzung von Ordnung ansehen. Im Mittelpunkt ihrer Betrachtung steht nicht die von Menschen geschaffene soziale Ordnung, sondern die große natürliche Ordnung des Universums, das »Tao«. Das »Tao« wird erreicht durch »Nichthandeln (Wu-Wei)«, durch die »absolute Entleerung des eigenen Ich von Weltinteressen und Leidenschaften.«[132] Hierunter verstanden die Taoisten nicht eine völlige Handlungslosigkeit, sondern ein Handeln oder Sichverhalten im Einklang mit der Natur, das nicht künstlich erzeugt wird, sondern der Spontaneität ihren Lauf läßt. Freilich kamen die Taoisten nicht umhin, sich auch mit politischen Problemen zu befassen. Sie wollten sich »nicht (durch ein Amt) 'Zügel anlegen' lassen, sondern lieber 'wie ein Schwein im schlammigen Graben' existieren.«[133] Darum befürworteten sie eher einen kleinen Staat, in dem

132) S.467, RS I.
133) S.465, RS I.

die Menschen einfach lebten und in dem ihr leibliches Wohl garantiert war.

Die individualistisch-anarchistische Lehre Lao-tzes war nicht geeignet, die Grundlage einer allgemeinen ostasiatischen Gesellschaftsordnung zu bilden. Im Lauf der Geschichte ist der Taoismus bis heute als philosophische Haltung Einzelner nicht zum Allgemeingut des Volkes geworden. Mit Ausnahme weniger Perioden, in denen die jeweiligen Herrscher eine persönliche Vorliebe für den Taoismus hegten, erlangte der Taoismus in Ostasien keine offizielle Anerkennung. Neben dem philosophischen Taoismus, von dem bisher die Rede war, entwickelte sich im Laufe des Jahrhunderts ein sog. religiöser Taoismus oder Volkstaoismus. Er zerfiel in zahllose Sekten und brachte ein mehr oder weniger organisiertes religiöses Leben hervor, das sich allerdings für gewöhnlich nur auf unterster lokaler Ebene außerhalb staatlicher Einflußmöglichkeiten entfalten konnte. Der Volkstaoismus ist in der Tat eine Religion des Volkes, da er die Rettung jedes einzelnen Glücks zu fördern sucht. Bedauerlicherweise ist er aber auch eine mystische Religion und somit unfähig, die Realitäten des Lebens rational zu analysieren. Dieser Volkstaoismus schlüpfte auf den japanischen Inseln in das Gewand des Schintoismus.

2. Die Rechtsidee in Ostasien

Zur Entwicklung des Menschentums in Ostasien hat hauptsächlich der Konfuzianismus und teilweise der Taoismus beigetragen. Um die Rationalisierung in Ostasien zu erörtern, muß die Rechtsidee der Ostasiaten behandelt werden, um aufzuzeigen, wie sich das

Recht im Vergleich zum Okzident entwickelte und welche Rolle das Recht in Ostasien gespielt hat.

(1) Der Legalismus

Bis zur gesellschaftlichen Rationalisierung lag der Schwerpunkt des traditionellen Rechts in Ostasien nicht auf einem kodifizierten staatlichen Gesetz oder auf ungeschriebenen Gesetzen, sondern auf einer »ethischen Rechtsordnung.« Sie hatte keine formale Seite, also keine gesetzte Ordnung, da es kein fachmännisch gebildetes Juristentum gab. Konsequenterweise gab es keine legitime Ordnung als »faktischen Bestimmungsgrund realen menschlichen Handelns«. Obwohl es in Ostasien kein rationales Rechtssystem gab, besitzt es eine rechtliche Tradition.[134] Die rechtliche Tradition in Ostasien fängt mit dem sog. »Legalismus« an. Die »Periode der kämpfenden Staaten« (480 bis 221 v. Chr.) fand ihren Abschluß durch die Einigung des Reiches unter dem Fürsten des westlichen und stärksten Teilstaates, »Tsin (221 - 207 v. Chr.)«[135], der das Prinzip des »Legalismus« durchgeführt hat. Mit den Methoden des »Legalismus« führte »Tsin« die Gesellschaftsordnung ein und dann die Reichseinigung durch. Der »Legalismus« war eine Schule der »Hundert Schulen«. Diese Legalisten-Schule war in der Zeit ca. 600-200 v. Chr. eine wichtige Schule, deren berühmtester Vertreter »Han Fei-tse« (?-233 v. Chr.) hieß. Der Legalismus geht von dem Ge-

---

134) Hier muß darauf hingewiesen werden, daß das Recht in Ostasien keine Bedeutung im Sinne des okzidentalen Rechts hat. Das Recht in Ostasien ist nur eine objektive Ordnung, hat darin kein subjektives Recht, da es in Ostasien keine Naturrechtsphilosophie gab.

135) Die »Tsin«-Dynastie (221-207 v. Chr.) wurde oft unterschiedlich buchstabiert: »Chin«, »Ch'in«, »Chhin«, »Qin« oder »Tsin« (Max Weber)

danken aus, daß die menschliche Natur von Grund auf schlecht ist und die menschliche Selbstsucht ständig Konflikte schafft. Deswegen sahen die Legalisten in der gesamten Menschheitsgeschichte eine Abfolge von Konflikten und Kämpfen. So war es für sie selbstverständlich, im Kampf um die Macht den Kern der Sozialstruktur und der gesellschaftlichen Beziehungen zu sehen. Im Gegensatz zu den Konfuzianisten glaubten die Legalisten weder an die Wirksamkeit der Sitten noch an die Kraft der Tugend. Für sie sind die Sittlichkeit und die Moralsätze des Konfuzianismus zu schwach, um die gesellschaftliche Ordnung aufrechtzuhalten. Die Kernlehre des Legalismus liegt also vielmehr in der *Herrschaft des Gesetzes*. Um die schlechte menschliche Natur zu reglementieren, forderten die Legalisten einen starken Herrscher, der die höchste Regierungsgewalt innehaben und strenge Gesetze durchführen sollte. Was der Staat benötigte, waren demnach nicht Tugend, sondern Gehorsam und strenge Normen. Die Begründung dieser sozialen Normen erfolgt in Form eines konsequenten Rechtspositivismus: das richtige Verhalten wird durch menschliche Rechtssetzung festgelegt. Allein der Wortlaut des Gesetzes definiert, was erlaubt und verboten ist. Sitte und Moral werden dagegen nicht als gültige Verhaltensregeln anerkannt.

(2) Die konfuzianische Rechtsidee

a) Der Sieg der konfuzianischen Rechtsidee

Das »Tsin« erreichte durch die legalistische Idee im Jahre 221 v. Chr. die erste Einigung des chinesischen Reiches. Die Idee der Rechtsgesetze, die zu einer höchst anmutenden Schärfe und Absolutheit zur leichten Beherrschung und Mobilisierung des Volkes ausgebildet waren, ermöglichte »Tsin« (221-207 v. Chr.) die gewaltsame Einigung des in Einzelstaaten zerfallenen Reiches. Ihre absolute Herrschaft war jedoch nur kurz. Zwar übte sie auf die Rechtsgeschichte Ostasiens »eine im wahrsten Sinne des Wortes chiliastische Wirkung«[136] aus, aber sie endete mit einer allgemeinen Empörung gegen die neue Methode - mit Gesetzen - regieren zu wollen. Mit der Herrschaft durch den Legalismus konnte die »Tsin«-Dynastie die Sympathien des Volkes nicht gewinnen. Mit dem Legalismus begann die Abkehr von der alten agrarisch gesellschaftlichen Ordnung, hin zu der zu dieser Zeit herrschenden konfuzianischen Ordnung. Es ist beachtenswert, daß das revolutionäre Denken und Vorgehen trotz der kurzen Dauer erfolgreich war. Seitens der Rechtsphilosophie gab es keine Unterstützung des Legalismus und nur einfach zuviele Verordnungen. Hinzu kamen ausgedehnte Kriege, hohe Steuern und Abgaben sowie unvorstellbare Bauvorhaben[137], die nur mit harter Zwangsarbeit verwirklicht werden konnten und das Volk überstrapazierten. Im ganzen Land brachen Aufstände aus, und im Jahre 206 v. Chr. wurde die »Tsin«-Dynastie ausgelöst. Nach ihrer Auflösung wurde die »Han«-Dynastie (206 v. Chr.-220 n. Chr.) gegründet. Mit ihr kam der Umschwung, der den Konfuzianismus zur offiziellen Staatslehre Chinas machte. In dieser Zeit vollzog sich das historische Schicksal des Konfuzianismus. Er wurde zur herrschenden Ideologie des chinesischen Staates. Die Erhebung des Konfuzianismus zur stabilen Staatsphilosophie war ein Prozeß langer Dauer. Das wichtigste Ereignis auf dem geistig-kulturellen Gebiet Ostasiens war dieser Sieg über alle anderen philosophischen Richtungen. Er sollte die geistige Entwicklung des Konfuzianismus der folgenden zwei Jahrtausende entscheidend bestimmen.

---

136) S.22, Weggel 1980.

137) Wie z.B. der Bau von Palästen, Straßen, Kanälen und der legendärer Großen Mauer (erbaubt 214 v. Chr.) im Norden.

Mit dem Aufstieg des Konfuzianismus zu Beginn der »Han«-Zeit geriet der Legalismus in Verruf. Im Vergleich mit dem Legalismus wurde hier die Entstehung des Staates nach dem Konfuzianismus aufgeführt. Da der Konfuzianismus im Menschen die guten Anlagen sieht, gelangt er zu einer ganz anderen Staatsauffassung als der Legalismus, wie Weber schreibt: »Die Welt war die beste der möglichen Welten, die menschliche Natur der Anlage nach ethisch gut und die Menschen untereinander darin, wie in allen Dingen, zwar dem Grade nach verschieden, aber prinzipiell gleich geartet und jedenfalls schrankenlos vervollkommnungsfähig und zugänglich zur Erfüllung des Sittengesetzes.«[138] Im Gegensatz zu den Legalisten[139] liegt das Schwergewicht der konfuzianischen Lehre nicht auf der Macht oder dem Recht des Stärkeren, sondern auf ethischer Bildung.

Der größte Konfuzianer der »Han«-Zeit, hieß Dong Zhongshu, der wesentlich zum Sieg des Konfuzianismus beigetragen hatte, gilt als der eigentliche Begründer des sog. »Staatskonfuzianismus«. Die Konfuzianisten bildeten sich in der »Han«-Zeit in enger Synthese mit dem Kaisertum und der konfuzianisch gebildeten Beamtenschaft heraus, und der Konfuzianismus bildete zwei Jahrtausende lang die Staatsethik. Der Konfuzianismus wurde so zur ideologischen Grundorientierung der politischen Führungsschicht; zur Ideologie der herrschenden Klasse. Bestimmend im traditionellen Ostasien blieb stets der philosophische Konfuzianismus

138) S.514, RS I.

139) Konfuzianer: die säkulare Welt heilig, der Mensch ist ursprünglich gut und moralisch erziehbar;
Gesetze zerstören das Gewissen und führen zur Umgehung.
Herrschaft von Menschen durch sittliches Vorbild; Gesetze sind
nötig, jedoch höchstens als unvermeidliches Übel bei der Beherrschung.
Legalisten: Veränderlichkeit der Menschen; Anpassung des geschriebenen Gesetzes an das jeweils Notwendige; strenge Strafen. Herrschaft von Gesetzen, die so klar sind, daß jeder sie versteht und daß auch sittlich unvollkommene Beamte sie richtig anwenden müssen.

mit seinen rationalistischen Prinzipien und seinem ethischen Wertsystem. Abgesehen davon, daß der Legalismus deshalb an Anerkennung verlor, weil der Legalismus eine relativ radikale Richtung für seine Lehre einschlagen mußte, um den Kriegszustand zu überwinden und das vereinigte Land schnell aufzubauen, steckte in dem Sieg des Konfuzianismus das wichtige Element Ostasiens, nämlich der wirtschaftliche und soziale Hintergrund. Die wirtschaftliche Grundlage Ostasiens war der agrarische Grundbesitz, und ihre soziale Basis war die Großfamilie. Das legalistische Denken erscheint also in seiner ausgeprägten Form als Ergebnis einer auf eine ganze Reihe von Erfahrungen mit der Staatsführung und Staatsorganisation angewandten Reflexion. Diese Erfahrungen betreffen die Diplomatie, die Kriegsführung, die Wirtschaft und das Verhalten und entsprechend dem vom 5. bis zum 3. Jahrhundert v. Chr. allgemein verbreiteten Streben nach Stärkung der wirtschaftlichen und militärischen Macht der Staaten. Die Legalisten wollten die menschliche Gefühlen und das menschliche Verhalten quantifizieren. Folgerichtig bevorzugten sie es, schwierige menschliche Beziehungen auf Formeln von geradezu mathematischer Einfachheit zu reduzieren. Die legalistischen Gedanken basieren auf dem Individualismus, sie bilden jedoch keine naturrechtliche Philosophie. Unter der Agrarwirtschaft und dem Familiensystem konnten sich individuelle Grundgedanken nicht entfalten. Daß der Legalismus unterging, lag nicht am politischen Scheitern des legalistischen Systems, sondern an der Schwächung der Vorstellung von der Allmacht des Legalismus.

Durch den Sieg des Konfuzianismus verschwand der legalistische Gedanke jedoch nicht völlig. Die Erkenntnis der Notwendigkeit eines geordneten Rechtssystems blieb weiter bestehen. Es vollzog sich nun eine Synthese zwischen den beiden alten Schulen, indem man die juristisch-technischen Errungenschaften der Legalistenschule auf konfuzianischer Grundlage weiterhin beibehielt. Durch den Einfluß der Legalisten gab es in Ostasien eine einheitliche Gesetzgebung und ein kodifiziertes Recht, obwohl ein geordnetes Gesetzessystem wie im Okzident nicht funktionierte. Diese Synthese wurde zur Basis der ostasiatischen Rechtsentwicklung bis zum Ende des 19. Jahrhunderts. Aufgrund dieser geschriebenen legalistischen Tradition hat Ostasien in der gesellschaftlichen Modernisierungsphase nicht das anglo-amerikanische, sondern das kontinental-europäische Rechtssystem aufgenommen.

b) Die Rechtsidee in der ostasiatischen Geschichte

Seit Anfang der »Han«-Dynastie bis zum Beginn des 20. Jahrhunderts wurde das chinesische, ostasiatische Rechts- und Staatsdenken in erster Linie durch den Konfuzianismus geprägt. Die Rechtsauffassung der konfuzianischen Weltanschauung ist ihrem Wesen nach völlig anders geartet als die der abendländischen. In der konfuzianischen Rechtsauffassung gibt es keine formale Seite, sondern nur positives Recht. Jedoch wurde positives Recht nicht lückenlos angewendet wie im Okzident. Die konfuzianische Weltanschauung sieht die idealste Ordnungsform nicht im Regieren durch die Gesetze, sondern durch *Ethik*. Das Gemeinwesen sollte durch Sitte und Ethik gelenkt werden. Deswegen war die Rechtsidee in Ostasien eine überlieferte Verhaltensnorm, die stark von der Weltanschauung des Konfuzianismus beeinflußt war.

Das Wort »Naturrecht«, wie es Weber beschreibt[140], gab es in Ostasien nicht. Recht und Justiz im kaiserlichen China schätzte Weber richtig ein: »Der antiformalistische patriarchalische Grundzug verleugnete sich nirgends: anstößiger Lebenswandel wurde gestraft auch ohne Spezialbestimmung. Das Entscheidende war

140) S.437, RS I

aber der innerliche Charakter der Rechtsfindung: Nicht formales Recht, sondern materiale Gerechtigkeit erstrebte der ethisch orientierte Patrimonialismus hier wie überall. Eine offizielle Präjudiziensammlung fehlte daher, trotz des Traditionalismus, weil der formalistische Charakter des Rechts abgelehnt wurde und, vor allem, kein Zentralgericht wie in England bestand.«[141] Im Okzident wurde das bestehende Recht unter anderem deshalb systematisiert, weil die Juristen hier einen eigenen Stand bildeten. Das städtische Wirtschaftsleben machte zudem gesetzlich festgelegte Bestimmungen erforderlich. Hinzukommt, daß die Beamtenschaft absolutischer Staaten ein positives Interesse an formalrechtlichen Verfahren hatten. Das konfuzianische Weltbild beruht auf der absoluten Verpflichtung durch das Sittengesetz. Die ostasiatischen Richter entschieden im allgemeinen nach Billigkeit und Angemessenheit, nicht nach formalen Regeln. Die Gesetzesnormen wurden nur dort aufgegriffen, wo sittliche Normen verletzt wurden und wo durch Sitte allein die Ordnung nicht wieder hergestellt werden konnte. Als Äquivalent zum europäischen Recht ist in Ostasien nach Inhalt und historischer Bedeutung die Normengruppe anzusehen, die chinesisch mit »Li«[142] bezeichnet und in Deutschland häufig mit »Formen«, »Sitten« oder »Regeln« übersetzt wird.[143] Das »Li« ist eine überlieferte *ostasiatische Grundordnung*, die durch den Grundsatz der gemeinschaftlich-patriarchalischen Staats- und Rechtslehre bestimmt wurde.

Dem Konfuzianismus nach soll das Volk durch Ethik und nicht durch Gesetze regiert werden. Die Verfassung eines Staates hängt nicht von guten Gesetzen ab, sondern von einer durch Ethik gut gebildeten Regentenpersönlichkeit. Das Volk soll durch Tugend geleitet und durch die Regeln sittlicher Lebensführung

---

141) S.392, RS I.
142) Siehe Kapitel IV: Konfuzianische Lehre.
143) Die Bedeutung des »Li« als »Regeln«, »Sitten« und »Formen« ist zu schwach, da das »Li« in Ostasien eine staatliche Ordnung war.

zurückgehalten werden. Deswegen ist die Rolle des Rechts im konfuzianischen Staat eine eher sekundäre. Das Recht ist nur eine Dienerin des »Li«. Nur bei den Menschen, die sich nicht in das »Li« einordnen können, die sich außerhalb der sittlichen Ordnung stellen, kommt das eigentliche, geschriebene Gesetz zur Anwendung. Zu den strafrechtlich bedrohten Vergehen wurden solche Verstöße gerechnet, die sich gegen die »natürlichen« gesellschaftlichen Hierarchien richteten. Das geschriebene Gesetz war daher im wesentlichen ein Strafrecht, das auf die Abschreckung und Ausmerzung derjenigen abzielte, die sich dem »Li« nicht fügten. Das Recht hat nicht nur »Li«-Verstöße abzuschrecken, sondern auch die durch den »Li«-Verstoß verletzte gesellschaftliche Harmonie wiederherzustellen. Die rechtliche Komponente in Ostasien trat noch bis Anfang des 20. Jahrhunderts in den Hintergrund, da die Konfuzianisten an ihrer Theorie der Ablehnung des Regierens mit Gesetzen festhielten. Diese Rechtsidee erfuhr durch die Rezeption des europäischen Rechts eine Umwandlung.

3. Der Einfluß von Konfuzianismus und Taoismus im ostasiatischen Raum

(1) Die Beinflussung des menschenlichen Handelns durch Konfuzianismus und Taoismus

Den sozio-kulturellen Hintergrund Ostasiens bildete in wirtschaftlicher Hinsicht die Agrargesellschaft und in religiöser der Ahnenkult. Basis des Konfuzianismus waren das Familiensystem und der Patriarchalismus. Die wichtigste Quelle des ostasiatischen Wertesystems ist die unter diesen Umständen entstandene konfuzianische Ethik, die in allen ihren Aspekten von den Ostasiaten rezipiert und den eigenen Bedürfnissen entsprechend modifiziert wurde. Die konfuzianische Lehre hat sich intensiv auf den Menschen als soziales Wesen konzentriert. Der Taoismus beeinflußte den menschlichen Verhaltenswert geringfügiger. Wie Weber erkannte, sind die Grenzen zwischen Konfuzianismus und Taoismus nicht klar. Man versucht vergeblich, im Taoismus eine Beeinflussung auf die Entwicklung des Menschentums oder des rationalen menschlichen Handelns zu finden. Obwohl, wie oben erläutert, der Taoismus keine Hauptströmung in Ostasien war, hatte er einen unübersehbaren Einfluß auf die Gedanken der Menschen.[144] Nach dem Zweiten Weltkrieg vollzog sich in Ostasien, in wirtschaftlicher und auch in sozialer Hinsicht, ein schneller gesellschaftlicher Wandel. Dabei handelte es sich um eine »kalte Revolutionierung«[145]. Die traditionelle gesellschaftliche Struktur wurde aufgelöst und durch eine neue ersetzt. Mit dem gesellschaftlichen Wandel setzte sich der gesellschaftliche Disziplinierungsapparat nahezu vollständig durch, mithilfe staatlicher physischer und psychischer Gewalt. Die Gesellschaft war asozial und die Herrschaft noch nicht demokratisch, sondern diktatorisch. Diese Probleme wurden manchmal mit einer taoistischen Tolerierung des Individuums überwunden. Fung beschreibt die taoistische Tradition in Ostasien wie folgt: »'Reversal is the movement of the 'Tao' (Tao-te-king, Kapitel. 40). This theory has had a

---

144) Der Taoismus überlebte vor allem deshalb, weil er Dinge und Seiten der menschlichen Existenz ansprach, die sonst in der ostasiatischen Gesellschaft, besonders im Konfuzianismus, stark vernachlässigt waren. Dichter und Maler wandten sich durchweg dem Taoismus zu, wie überhaupt die ostasiatische Ästhetik nur aus der taoistischen Tradition heraus zu verstehen ist. Als Mensch im Amtsleben, als Beamter, als Vater der Familie handelt und denkt er konfuzianistisch. Als Privatmann, wenn er aus seinem Dienst entlassen wird oder anderen Ärger oder Kummer erleidet, fühlt und denkt er taoistisch.

145) S.490, Narr 1979.

great effect upon the Chinese people and has contributed much to their success in overcoming the many difficulties which they have encountered in their long history. Convinced of this theory, they remain cautious even in time of prosperity, and hopeful even in time of extreme danger. In the late war [Zweiter Weltkrieg, H.G.LEE], the concept provided the Chinese people with a sort of psychological weapon, so that even in its darkest period, most people lived on the hope which was expressed in the phrase: 'The dawn will soon come'. It was this 'will to believe' that helped the Chinese people to go through the war.«[146]
Trotz der nicht zu leugenden taoistischen Einflüsse ist der menschliche Verhaltenskodex in Ostasien konfuzianistisch. Der Konfuzianismus ist das gemeinsame geistige Erbe der ostasiatischen Randgebiete.

(2) Die Verbreitung der ostasiatischen Kultur in Ostasien

Von Anfang an erwies sich die traditionelle konfuzianische und taoistische Kultur den Kulturen der ihr benachbarten Völker im ostasiatischen Raum gegenüber als überlegen. Von hier aus ist das Weiterwirken der klassischen Kultur über die Grenzen des chinesischen Machtbereiches hinaus sehr groß. Man kann sich Korea und Japan ohne die kulturellen Einflüsse Chinas nicht vorstellen. Aufgrund dieser Überlegenheit ist die chinesische Kultur zur »Mutter« aller heute in Ostasien existierenden Kulturen geworden. Es ist nicht genau historisch nachweisbar, wann der Konfuzianismus und der Taoismus in Korea eingeführt und nach Japan weitergeleitet wurden. Mit dem Eindringen der chinesischen Kultur und der Einführung der chinesichen Schrift kamen auch der Konfuzianismus und der Taois-

146) S.19f, Fung.

mus nach Korea und Japan. Sie wirkten mehr und mehr in politischer und ethischer Richtung. Der Konfuzianismus nahm jedoch nicht so schnell Einfluß auf das menschliche Handeln, sondern brauchte lange Zeit, bis er sich verwurzelte. Im Rückschluß auf die Kenntnis der klassischen Schriften, wurde im Jahre 372 n. Chr. eine konfuzianische Schule in der Koguryo-Dynastie (37 v. Chr.-660 n. Chr.) in Korea gegründet, so daß der Konfuzianismus schon vor 372 n. Chr. in Korea eingeführt worden sein muß. Es scheint, daß auch der Taoismus zur gleichen Zeit eingeführt wurde. Von hier aus wurde er weiter nach Japan geleitet. Jedoch scheint der konfuzianische Einfluß in Korea stärker zu sein als in Japan. Japan machte sich nie die Beamtenprüfungen zu eigen, obwohl der Konfuzianismus auch dort traditionell mit der Aufgabe der Erziehung assoziiert wurde und eine weitaus zuverlässigere Stütze des herrschenden Regimes bildete. Trotz der unterschiedlichen Entwicklung wirken die ethischen Forderungen des Konfuzianismus bis heute auf das menschliche Handeln in Korea und Japan. Dagegen ist der Taoismus bei bestimmten ethischen Forderungen wesentlich geringer. Darum ist es inakzeptabel, die Entwicklung des Menschentums in der konfuzianischen Kultur als unterschiedlich zu betrachten. Zwar gibt es geringe Unterschiede in den Sitten und Bräuchen zwischen den ostasiatischen Ländern, jedoch kann ich in dem Punkt, wie die konfuzianische Kultur die gesellschaftliche Rationalisierung beeinflußt hat, genauer: wie sich das ostasiatische Menschentum entwickelte, keinen Unterschied zwischen den konfuzianischen Ländern entdecken.

III. Die Entwicklung des Menschentums in Ostasien

Webers zentrales Interesse für die okzidentale Rationalisierung liegt in der »Entwicklung des Menschentums.«[147] Für die Entwicklung des okzidentalen Menschentums macht er den Protestantismus verantwortlich. Das ostasiatische Menschentum hingegen entwickelte sich unter dem Konfuzianismus. Der Konfuzianismus richtet sich primär an die soziale Funktion der Vergangenheit und auch in der Gegenwart. In der konfuzianischen Ethik ist zu erkennen, daß Konfuzius eine anthropozentrische Weltanschauung vertritt. Seine Ethik beruht deshalb auf einem möglichst einfachen Grundverhältnis in der Umwelt des menschlichen Zusammenlebens. Die Erziehung der Persönlichkeit zur Verantwortung in der Umwelt deckt sich durchaus nicht mit den okzidentalen einzelnen Individuen, die einander unterschiedlos gegenüberstehen und deren Beziehung höchstens durch Theorien geregelt werden. Dagegen sucht der Konfuzianismus in der Gesellschaft einen fest gegliederten Organismus, in dem jedem sein bestimmter Platz zugewiesen ist. Der mit anderen zusammenlebende Mensch soll sich nicht um seiner selbst willen heranbilden, sondern zum Leben in der Gemeinschaft. Er soll seine eigenen Kräfte so ordnen, daß sie in Dienst gestellt werden können. Durch die konfuzianische Lehre entwickelte sich daher ein anderer Menschentyp als im Okzident. Das Prinzip der Ordnung, das zur Forderung von Konfuzius und seiner Schule geworden ist, war ein Verhaltenskodex des konfuzianischen Menschentums.

---

147) S.303, PE II. Und auch Hennis 1987.

1. Die Herrschaft durch Menschen

Politisch gesehen ist der Konfuzianismus eine Herrschaftsideologie. Die konfuzianische Herrschaft ist eine Herrschaft durch Menschen mit Theoremen zur Stabilisierung menschlichen Sozialverhaltens. Daher wird der Konfuzianismus auch als Humanethologie bezeichnet. Als Herzstück des Konfuzianismus gilt für die Ostasiaten seine Sozialethik und weiter seine politische Ethik. Die idealste Regierungsform im Konfuzianismus ist nicht das »Regieren durch Gesetze«, sondern das »Regieren durch Menschen«. Einerseits durch den vorbildhaften Menschen und andererseits durch eine Ritualisierung aller Lebensbereiche, die freilich nicht auf den bloßen Nachvollzug äußerer Formen beschränkt blieb, sondern affirmativ und bewußt ausgeübt werden sollte. Deswegen liegt die Grundlage der konfuzianischen Staatsphilosophie in der natürlichen Einordnung der Menschen auf ihr Gewissen, wodurch eine natürliche Verbindung zwischen den Menschen untereinander geschaffen wird. So gesehen, beruht nach der konfuzianischen Weltanschauung die gesellschaftliche Ordnung allein auf ethischen Normen.

Der Konfuzianismus trat für eine vernünftige, auf persönlichen Bildern gegründete, ethisch ausgerichtete Sozialordnung ein. Nach seiner sittlichen Rechtsauffassung geht der konfuzianische Personalismus davon aus, daß die Gesellschaftsordnung nur von einem tugendhaften und vollkommenen Herrscher abgeleitet werden kann. Konfuzius glaubte, wenn ein vollkommener Herrscher an der Spitze des Volkes regiert und das Volk zum gemeinsamen Ziel der Wohlfahrt führt, daß das Volk dann nach seinem Vorbild auch ohne Gesetze gut handeln würde.

»Dshi Kang-dse, der sich beim Meister nach der Kunst des Regierens erkundigte, stellte die Frage: Was haltet Ihr davon, die Zuchtlosen hinzurichten, um Zucht im Staat herbeizuführen? Konfuzius erwiderte: Wozu müßt Ihr denn hinrichten, um zu regieren? Wenn Ihr das Gute wünscht, so findet auch das Volk zum Guten. Des edlen Menschen (»Kiün-tse«) Tugend gleicht dem Wind, des Volkes Tugend gleicht dem Gras. Streicht übers Gras der Wind, beugt es sich unfehlbar.« (Lunyü XII/19)

Die Gesellschaft trug diesem Bedürfnis insofern Rechnung, als sie nicht auf die Güte des Gesetzes, der Rechtskenntnis oder der administrativen Effektivität abstellte, sondern vielmehr auf die Qualität des Menschen, die durch sein Vorbild zu wirken und nur im äußersten Notfall auf das Gesetz zurückzugreifen hatte. Auf dieser Grundvoraussetzung beruhte im Konfuzianismus die Betonung und Unterdrückung bestimmter Formen des Menschens und des sozialen Lebens. Hier leitet die konfuzianische Lehre die Entwicklung des Menschentum ein.

2. Die konfuzianischen Lehren

Eisenstadt beschreibt die Gültigkeit des Konfuzianismus in der ostasiatischen Gesellschaftsrationalisierung: »Vor ungefähr 30 oder 40 Jahren, als Studien zur Modernisierung in einem Aufschwung begriffen waren, hieß es häufig, daß der Konfuzianismus der wirtschaftlichen Entwicklung Chinas und anderer ostasiatischer Länder im Wege stehe und damit ein Hauptgrund für die wirtschaftlichen Probleme dieser Staaten sei, wobei Japan nicht als eine konfuzianische Gesellschaft galt. Heute dagegen werden die großen Erfolge vieler ostasiatischer Länder wie Korea, Taiwan, Singapur, aber auch Japan, auf ihre konfuzianische Lehre zurückgeführt.«[148] Heutzutage führt man wie Eisenstadt den schnellen Wandel in Ostasien auf den Konfuzianismus zurück. Seine Lehre hat die Ostasiaten erzogen und das ostasiatische Menschentum geformt. Das rationale Menschentum, wie ein Bestandteil der Rationalisierung Webers, ist das nötige Element für die erfolgreiche Rationalisierung in Ostasien dar. Das konfuzianische Menschentum ist durch die konfuzianische Lehre zu einem rationalisierungsfähigen Menschentum geworden, jedoch steht es weniger im Zeichen des Individualismus, als in dem des Kollektivismus.

Was ist die konfuzianische Lehre? Das oberste Ziel, das Konfuzius verfolgte, war ein ganz unmittelbar praktisches: die Restauration der Gesellschaft aus dem Zustand der Unordnung. Die damalige gesellschaftliche Ordnung war eine überlieferte Ordnung, die man in Ostasien »Li« nennt. Diese Gesellschaftsordnung(»Li«) wurde in der sog. Chaos-Zeit zerbrochen. Das »Li« wieder zur Geltung zu bringen, war das Ziel der damaligen Gelehrten in den verschiedenen philosophischen Schulen. Der Konfuzianismus war eine Idee zur Wiederherstellung des »Li«, das von Weber »die konfuzianische Kardinaltugend«[149] genannt wird. Die Lehre des Konfuzianismus besteht in erst Linie im »Li« und bezieht sich auf das politische Leben und den gesellschaftlichen Verkehr. Konfuzius wollte die überlieferte Gesellschaftsordnung nicht durch das gesetzte Gesetz, sondern durch die sozialethische Erziehung wieder herstellen. Im Konfuzianismus ist der Mensch durch philosophisch-literatische Bildung zu uneingeschränkter Selbstvervollkommnung fähig. Dieser Gedanke unterscheidet sich wesentlich von dem des »Legalismus«. Konfuzius war der Meinung, daß die Auswirkung des sittlichen »Li« wesentlich größer sei als

---

148) S.444, Eisenstadt 1990.
149) S.468, RS I.

die des gesetzten Gesetzes, da durch die Kultivierung des Menschen zukünftige Verbrechen verhindert werden. Das gesetzte Recht hingegen verurteilt das begangene Vergehen nachträglich. Daher interessiert sich der Konfuzianismus besonders für die sozialethische Erziehung des Menschen. Konfuzius versuchte die Restauration der Gesellschaftsordnung nicht nur durch die Norm »Li«, sondern auch durch sein neues Konzept »Ren« durchzuführen. Diese Gedanken sollten zur Bildung eines neuen Menschentyps führen. Durch gute Erziehung wollte er die Gesellschaft vor der Selbstauflösung bewahren und die alte Ordnung restaurieren. Daß Ostasien in der Tat über 2000 Jahre lang relativ stabil geblieben ist, kann man auf das durch die konfuzianische Ethik entwickelte Menschentum zurückführen.

Hierin ist die große Bedeutung der konfuzianischen Lehre für die Entwicklung des Menschentums zu sehen. Der Konfuzianismus etabliert in der klassengesellschaftlichen Struktur eine strenge Lebensform. Die Verwirklichung seiner Ziele vollzieht sich in zwei Bereichen: äußerlich in der konfuzianischen Verhaltensnorm und innerlich asketische Lebensführung. Über die konfuzianische Lehre hat Weber eine übersichtliche Ansicht: »Die Kultivationspädagogik schließlich will einen, je nach dem Kulturideal der maßgebenden Schicht verschieden gearteten, 'Kulturmenschen', das heißt hier: einen Menschen von bestimmter innerer und äußerer Lebensführung, erziehen.«[150] Jedoch versteht Weber die innere Lebensführung des Konfuzianimus nicht zutreffend. Die beiden Polaritäten, innere und äußere Lebensführung des Konfuzianismus, sind eng miteinander verbunden, aber nicht bedeutungsgleich. Die innerliche Norm (»Ren«) wurde seit Konfuzius stark betont und das war sein neues Konzept für die Gesellschaftsordnung.

---

150) S.408f, RS I.

(1) Das »Li« als äußerliche Verhaltensnorm

a) Das »Li« als gesellschaftliche Norm

Das »Li« ist im allgemeinen Sinne eine äußerliche Verhaltensnorm. Das Wort »Li«, was aus Mangel eines passenderen europäischen Ausdrucks meist mit »Riten« oder »Sitten« wiedergegeben wird, läßt sich durch kein europäisches Wort genau übersetzen. Das »Li« hat zwei Bedeutungskomponenten: Eine bezeichnet das sakrale »Li« und die andere im übertragenen Sinne das profane »Li«. Ursprünglich beinhaltete es eine rein sakrale Bedeutung, und zwar bei der Durchführung der entsprechenden Opferhandlung mit den vorgeschriebenen Verhaltensregeln, insbesondere bei den Toten- und Ahnenriten, bei denen die einzelnen Teilnehmer jeweils genaue vorgeschriebene Handlungen durchzuführen haben. Dieses religiöse Ritual war eine wichtige Ordnung im alt-ostasiatischen Kult und ist bis heute bei Anlässen wie Heirat, Empfang und Bewirtung von Gästen, Trauer, Beerdigung oder beim Ahnenopfer erhalten geblieben. Die Verpflichtungen, die die sakralen Übungen implizieren, wurden auf die weltlichen Verhältnisse übertragen und schufen damit eine neue Ordnung für menschliche Handlungen. Aus dieser sakralen Bedeutung wurde die Verhaltensnorm (weltliches oder profanes »Li«) abgespalten. Die gesellschaftsbezogene Bedeutung des »Li« sind die »Regeln des Anstandes, Sitte, der Höflichkeit, die sich am Pflichtbewußtsein des Einzelnen seinen Mitmenschen bzw. der Gesellschaft gegenüber orientieren.«[151)]

Die konfuzianischen Ritenbücher legen ein eindrückliches Zeugnis davon ab, wie nicht nur die religiösen Handlungen, sondern auch alle anderen wichtigen Hand-

---

151) S.203f, Leimbigler 1976.

lungen im Leben von einem Ritual durchdrungen sind. Nämlich »in das im täglichen Leben weiterhin wirksame, durch die alltägliche Erfahrung jedoch abgeschwächte und seiner religiös-abergläubischen Implikationen entkleidete vorschriftsmäßige Verhalten, das wir mit Begriffen wie Anstand, Sitte, Höflichkeit wiedergeben.«[152] Profanes »Li« bedeutet also verbindliche »übergeordnete Verhaltensnorm«[153] und regelt das Verhalten des Alltags bei unzähligen Gelegenheiten, beispielsweise die häuslichen Regeln der Kinder in Gegenwart ihrer Eltern, besonders deren Aufwartung am Morgen und bei Einnahme der Mahlzeiten, bis ins letzte Detail. Das »Li« bedeutet in diesem gewöhnlichen Gebrauch einfach Anstand, Etikette, Schicklichkeit. Im höchsten, philosophischen Sinne bezeichnet es einen Idealzustand der menschlichen Beziehungen, in welchem alles auf seinem gehörigen Platz steht. Das »Li«, das meist in den Handlungen des Alltags bei unzähligen Gelegenheiten zu Hause und in der Gesellschaft zu entfalten ist, stellt im allgemeinen Verhaltensregeln bereit. Diese Verhaltensregeln (»Li«) sind aus der Zeit der primitiven Sippengemeinschaft als Sitten und Bräuche überliefert worden und später als das korrekte, d.h. den gesellschaftlichen Normen entsprechende Verhalten bezeichnet worden. Darum ist das »Li« die äußerliche individuelle Lebensform und das richtige Verhalten in der Gesellschaft. Die Geltung des »Li« ist nicht zwangsläufig, sondern beruht vielmehr auf dem Bewußtsein der gegenseitigen Verpflichtung. »Li« ist in der ostasiatischen Gesellschaft durch Aufspaltung, vom sakralen »Li« zu profanem »Li«, zur allgemein geltenden gesellschaftlichen Norm geworden. »Li« als Ausdruck kultivierten Menschenseins impliziert eine ernste Lebenshaltung in der Gesellschaft. Für den Konfuzianismus gilt »Li« als Vorbild menschlichen Verhaltens. Da im Konfuzianismus das Familiensystem, die Gesellschaft und der Staat zu einer Einheit verschmolzen sind, wird das reibungslose Funktionieren dieses ganzen Systems da-

152) S.203, Leimbigler 1976.
153) S.200, Leimbigler 1976.

durch gewährleistet, daß jeder sich an das »Li« hält, da es alle wichtigen Handlungen in der Gesellschaft vorschreibt. Das »Li« ist eine vom Konfuzianismus oktroyierte Anforderung. Durch die konfuzianische Lehre wurde »Li« zum Inbegriff der sozialen Bindung, der Einbindung des Individuums in das gesellschaftliche Ganze. Durch Ausübung und Haltung des »Li« wird jeder zu einem Vollmitglied der Gesellschaft. Deswegen war »Li« für Konfuzius der Ausdruck kultivierten Menschenseins überhaupt. Das Erlernen dieser Formen gehörte seit frühester Zeit zu den wichtigsten Aufgaben der Menschen in Ostasien. Damit etablierte sich »Li« langsam als Mittelpunkt der konfuzianischen Rechtsauffassung.

b) Das »Li« als Grundordnung des Staates

»Li« als die zu Hause und in der Gesellschaft allgemein geltende gesellschaftliche Norm zwischenmenschlicher Beziehungen bedeutet »das verantwortungs- und pflichtbewußte Verhalten, welches sich den in einer bestimmten Situation geltenden Verhaltensregeln unterwirft.«[154] Am Anfang der konfuzianischen Verhaltensregel steht immer die familiäre Komponente. Die Verhaltensregel zu Hause erweitert sich zur gesellschaftlichen und zur staatlichen Regel. Fünf Beziehungen des »Li«, die im Konfuzianismus als grundlegende Beziehungen gerechnet werden, basieren hauptsächlich auf den Verhaltensregeln zu Hause. Die erweiterte Bedeutung des »Li« in Verbindung mit dem Staat ist nicht nur eine Verhaltensnorm, sondern eher die »'Grundordnung' bzw. das 'Grundprinzip' eines Staates«[155], da die »Li«-Ordnung stark zur Konsolidierung der Herrschaft beitrug. Als sie nur die Kraft

154) S.200, Leimbilger 1976.
155) S.29, Yong-Bae Song 1983.

hatte, die Familie, die Gesellschaft und deren sämtliche Mechanismen funktionsfähig zu machen, bildete »Li« den Oberbegriff einer ganzen Reihe eng gefaßter Verhaltensnormen. Als sie ihre Synthese mit der ethisch-politischen Theorie des Konfuzianismus fand, wurde sie zur Staatsordnung. »Li« sollte im Staat zur »'Aufrechterhaltung des Staates', zur 'Durchführung des politischen Kommandos', zur 'Förderung des Unterhalts des Volkes' dienen. [...] In diesem Sinne galt das 'Li' als die Herrschaftsordnung.«[156] Die ideale Herrschaftsordnung, die sich in der menschlichen Gesellschaft verwirklichen sollte, war in Ostasien also das »Li« und es stellte 2000 Jahre lang die Grundlage der gesellschaftlichen Ordnung in Ostasien dar. In diesem Sinne ist die idealste Regierungsform in Ostasien nicht das »Regieren durch Gesetze«, sondern das »Regieren durch das 'Li'.«[157] Das »Regieren durch das 'Li'« ist als Grundordnung des Staates durch eine Ritualisierung des Menschen in allen Lebensbereichen herzustellen. Daher wird hier klar, warum »Li« in den äußerst komplexen Wirtschafts- und Gesellschaftsstrukturen Ostasiens noch oft effektivere Sanktionen bietet als das unpersönliche Gesetz.

---

156) S.30, Yong-Bae Song 1983.

157) Konfuzius lehrt, daß »Li« als Grundlage der menschlichen Vollkommenheit gelte; wie man das Volk mit Verwaltungsmaßnahmen lenken und mit Strafe regieren will, dann wird es die letztere zu vermeiden suchen, aber keine Scham insgesamt empfinden. Lenkt man es dagegen mit Tugend und regiert man es mit dem »Li«, dann wird es Scham empfinden und gute Grundsätze haben. (»Lun-yü« II/3)

(2) Das »Ren«[158] als zentraler Begriff des Konfuzianismus

Fragt man nach dem zentralen Begriff des Konfuzianismus oder des Konfuzius, dann lautet die Antwort »Ren«. Das »Ren« wurde bei Weber völlig ausgelassen[159]. Ohne das »Ren« zu erläutern, wie Weber es vorführt, bleibt jede Interpretation des Konfuzianismus lückenhaft: »Der Konfuzianismus hat aus diesen uns schon bekannten Gründen auch nicht den geringsten Versuch gemacht, den bestehenden religiösen Glauben ethisch zu rationalisieren.«[160] Konfuzius erhebt »Ren« zum zentralen Gegenstand seiner Unterredungen. Jedoch ist unklar, was es bedeutet, weil er keine eindeutige begriffliche Definition hinterließ. Der Begriff des »Ren« ist entsprechend metaphysisch. Konfuzius konnte es damals nicht metaphysisch definieren, weil in Ostasien bis zur Beeinflussung des Buddhismus die Metaphysik noch nicht gut etabliert war. Konfuzius antwortete bei der Frage seiner Schüler, was »Ren« sei, in jeder Situation anders.[161] Deswegen wurde der Begriff in Ostasien verschieden interpretiert und auch im Okzident verschieden übersetzt[162]: Richard Wilhelm übersetzt es mit »Sittlichkeit«, zuweilen mit »der Fromme«, manchmal auch mit »Menschenliebe« oder »Güte«. Andere Übersetzer versuchten es mit »Gemeinschaftsbezogenheit« (Oskar Weggel), »manhood-at-its-best«, »goodness«,

---

158) oder »Jen«.

159) Max Weber erläutert das »Ren« überhaupt nicht. Er findet nur das praktizierte »Ren« im menschlichen Verhalten. Er war nicht imstande, altchinesiche Schriften systematisch zu studieren. Ich vermute, daß er die Gedanken des Konfuzius nicht eingehend verstanden hat.

160) S.453, RS I.

161) Konfuzius antwortete deshalb auf die Frage über »Ren« nur positivistisch.

162) Vgl. S.13, Grimm 1976.

»humanity«, »kindness«, »virtue« oder »perfect virtue« als Standardbegriff. Diese Übersetzung bleibt jedoch unbefriedigend. Das »Ren« ist nicht nur eine »Sittlichkeit«, »Menschenliebe« oder »virtue«, sondern auch eine individuelle innerliche Norm aufgrund der Unterstützung der *konfuzianischen Askese*.

a) Das neue Konzept Konfuzius' für die gesellschaftliche Ordnung

»Ren« war ein neues Konzept von Konfuzius zur Restauration der gesellschaftlichen Ordnung. Konfuzius wollte »Li« durch »Ren« substituieren. Welche Beziehung hat dann das »Ren« zum »Li«? »Li« waren die sozialen Normen, die politische Herrschaftsordnung. Die sozialen Normen sind im gesellschaftlichen Leben Bestandteile jeglicher Handlungssitutionen. »Li« stellte in den menschlichen Beziehungen die Umgangsform und ein Erwartungsmuster des handelnden Menschens dar. Zugleich bildete es das Korsett der Gesellschaft und des Staates. Daher nennt man es auch die »Grundordnung eines Staates«. Die ideale Herrschaftsordnung, die sich im Entwicklungsprozeß der Gesellschaft verwirklichen sollte, war nach Konfuzius am »Li« erkennbar wie in früherer Zeit, weil er die neue gesellschaftliche Ordnung, basierend auf Patriarchalismus und Familialismus, wieder etablieren wollte. Ziel des Konfuzius war also die Restauration der alten gesellschaftlichen Ordnung und Normen. Konfuzius wußte jedoch, daß »Li« allein zur Wiederherstellung der untergegangenen gesellschaftlichen Ordnung und zur Bewältigung der Gesellschaftskrise nicht ausreichte. Hier führte er »Ren« als neues Konzept zur ordentlichen gesellschaftlichen Restauration ein. Daß Konfuzius in der Bewältigung des gesellschaftlichen Problemes nicht »Li«, sondern »Ren« bevorzugte[163], obwohl zu seiner Zeit die Gesellschafts- und Herrschaftsordnung von »Li« dominierte, war eine neue Idee des Konfuzius. »Der Meister sagte: Ein Mensch ohne 'Ren' - was geht den das 'Li' an.«[164] Dieser Satz bedeutet, daß das »Li« in enger Beziehung mit dem »Ren« steht und »Ren« eine Voraussetzung des funktionsfähigen »Li« in der Gesellschaft und im Staat ist. Das »Li« ist die äußerliche Verhaltensnorm, »Ren« dagegen ist die innerliche Norm. Wenn zur »Li«-Verhaltensnorm keine innere Haltung (»Ren«) gehört hätte, wäre »Li« nicht die gesellschaftliche Ordnung und Norm, sondern nur eine Etikette. Das »Li« erhält sein eigenständiges Profil erst durch die dahinterstehende geistige Haltung, nämlich die individuelle innerliche Norm (»Ren«). Hiermit war das »Ren« als neues Konzept zur Restauration der Ordnung geboren. »Ren« wurde in China bereits vor Konfuzius benutzt, wie durch die Alt-Klassik bewiesen ist. Es bedeutete wahrscheinlich in der Alt-Klassik nur innerliche moralische Prinzipien: »Menschenliebe«, »Harmonie« zwischen Menschen. Konfuzius stellte das »Ren« auch als »Menschenliebe« dar. Vor seiner Zeit war das »Ren« nur ein Unterstützer des »Li«. Das »Ren« tritt erst mit Konfuzius in den Mittelpunkt der Ethik. Es verlor dabei den Begriff »Menschenliebe« nicht, sondern Konfuzius fügte nur einen neuen Begriff hinzu. Die Triebkraft für diese Entwicklung war sein unvermeidliches Bedürfnis, die zwischenmenschlichen Beziehungen geistig zu bewältigen. Es ging ihm von Anfang an um das Ausüben und das Praktizieren der inneren Norm (»Ren«). Daher enthält seine Philosophie vornehmlich auf die Umsetzung der »Ren«-Ethik bezogene, konkrete Angaben. Das »Ren« ausüben und praktizieren hieß, gegen die gesellschaftliche Unordnung durch ein Mittel des »Ren« vorzugehen. Konfuzius wollte durch die innerliche asketische Norm (»Ren«) den zwischenmenschlichen Konflikt und die Welt bewältigen. Er legte in den hinterlassenen Gesprächen

---

163) In »Lun-yü« erscheint über »Li« nur 75 mal, dagegen über »Ren« 109 mal in insgesamt 499 Kapitel

164) Lun-yü III/3.

»Lun-yü«, immer wieder seinen Schülern mit größtem Nachdruck das Studium des »Ren« nahe. Er vertrat eine neue Methode.[165] Indem Konfuzius von der innerlichen Norm ausging und mit dem »Ren« einen neuen Begriff etablierte, vertrat er eine neuartige Methode. In dieser Begriffswerdung einer allgemeinen Vorstellung manifestierte sich ein revolutionärer Wandel des gesellschaftlichen Bewußtseins.

b) Das »Ren« als *Askese* in der innerlichen Norm

Bei seinem kontrastiven Vergleich des konfuzianischen und des protestantischen Rationalismus hebt Weber hervor, daß der Geist beider Ethiken »Rationalismus« enthielt. Jedoch schränkt er ein, daß nur die überweltlich orientierte protestantische Ethik den innerweltlichen Rationalismus in seinen Konsequenzen verwirklicht. Den »Grundunterschied« beider Arten von »Rationalismus« formuliert Weber so: »Der konfuzianische Rationalismus bedeutete rationale Anpassung an die Welt. Der puritanische Rationalismus: rationale Beherrschung der Welt.«[166] »Ein optimal angepaßter, nur im Maße der Anpassungsbedürftigkeit in seiner Lebensführung rationalisierter Mensch ist aber keine systematische Einheit, sondern eine Kombination nützlicher Einzelqualitäten.«[167] Nach Weber liegt die ostasiatische anpassungswillige Haltung darin, daß dem Konfuzianismus jegliche Konzeption einer höheren transzendenten Ordnung fehlt. In der Tat gab es in Ostasien keine transzendente Ord-

---

165) Es ist unklar, ob schon vor Konfuzius das »Ren« den Sinn der innerlichen asketischen Norm hatte, jedoch ist es sein eigenes Konzept, daß das »Ren« zum Mittelpunkt der Sozialphilosophie gemacht hat.

166) S.534, RS I.

167) S.521, RS I.

nung, nur die weltliche Ordnung, an die sich jeder anpassen mußte. Die existierende Welt im Konfuzianismus war die unveränderbare Vernunft, Wahrheit und eine gesellschaftliche Verfassung. Man konnte sich die Verneinung der Welt nicht vorstellen. Zur Unterhaltung der Gesellschaft mußte man sich an die bestehende Welt anpassen. Darum war der Konfuzianismus unfähig, jene komplexen religiösen Einstellungen, die Weltverneinung und damit eine Neustrukturierung des Weltverhältnisses entstehen zu lassen. Jedoch fehlt es der individuellen inneren Einstellung nicht an einer einheitlichen sinnhaften Lebensführung.[168] In der konfuzianischen Ethik fehlt es aber nicht vollständig, wie Weber meint, an »irgendwelchen Spannungen zwischen Natur und Gottheit, ethischen Anforderungen und menschlicher Unzulänglichkeit, [...], religiöser Pflicht und politisch-sozialen Realitäten.«[169] Ich kann die Qualität der innerlichen Lebensführung nicht quantifizieren, jedoch scheint es, daß auch bei der inneren Einstellung des ostasiatischen individuellen Lebens Spannungen zwischen ethischen Aufforderungen und menschlicher Unzulänglichkeit herrschten, da die ostasiatischen Länder ohne formales Recht, ohne funktionierende zwangsgewaltige materiale Recht, ohne ausreichende Beamten[170] über 2000 Jahre lang, nur aufgrund ihrer ethischen Normen relativ stabil geblieben sind. Zwar ist es wahr, daß »bei beiden Formen [Konfuzianismus und Taoismus, H.G.LEE] jede Spur einer satanischen Macht des Bösen, mit welcher der im chinesischen Sinn fromme Mensch - es sei orthodox oder heterodox - um sein Heil zu ringen hätte

---

168) Vgl. S.521, RS I.

169) S.522, RS I.

170) Die ostasiatische Herrschaft hing nicht von Gesetzen, sondern meistens vom Beamtenapparat ab. Beamte waren jedoch nicht ausreichend vorhanden: »Unter der Tang-Dynastie war ein Kreismagistrat durchschnittlich für 20.000 Personen zuständig, [...]; unter den Sung in Südchina gab es im 12. Jahrhundert etwa 4000 Gentry-Beamte für 1000 Verwaltungskreise außerhalb der Hauptstadt, so daß auf ungefähr 15.000 Einwohner ein Mitglied der administrativen Elite kam.« (S.74f, Breuer 1984 a)

[fehlte]«[171], aber zur Überwindung der weltlichen Realität treibt in der konfuzianischen Lehre die innerliche *konfuzianische Askese*. Das »Ren« war die normative Grundlage individueller Ethik des Konfuzius. Dieser Punkt muß von Webers Position der Rationalisierungsunfähigkeit des Konfuzianismus unterschieden werden. Das individuelle innere Lebensprinzip ist eigentlich ein Kern des Konfuzianismus. Das »Ren« ist die Voraussetzung des äußerlichen Handelns (»Li«). Konfuzius wollte mit der Regulierung der inneren menschlichen Qualitäten durch das »Ren« die gesellschaftliche Ordnung (»Li«) restaurieren.[172]

Konfuzius war in der Tat der erste chinesische Philosoph, der die innere seelische Haltung forderte. Er sah den Grund für die Zerstörung der »übergeordneten Verhaltensnorm (Li)« im wesentlichen in der Verfolgung des eigenen Nutzens. Die Verfolgung des eigenen Nutzens war seiner Meinung nach durch den Mangel an innerlicher asketischer Norm verursacht worden. Die Spannung zwischen kosmischem Ideal und Realität ist durch »Selbstbeherrschung« zu bewältigen. Zur Selbstbeherrschung forderte Konfuzius das »Ren«.

»Yanyuan fragte nach dem 'Ren'. Konfuzius antwortete: Sein eigenes 'Ich' zu beherrschen und zu dem 'Li' zurückkehren. Das ist 'Ren'. Wenn man eines Tages fähig ist, sein eigenes 'Ich' zu beherrschen und zu dem 'Li' zurückzukehren, dann wendet sich das ganze Reich dem 'Ren' zu. Beim Ausüben des 'Rens' - geht es da um das eigene Ich, oder geht es um andere Menschen?« (»Lun-yü« XII/1)

Das »Ren« besteht also darin, sein eigenes *Ich* zu beherrschen und zu dem *Li* zurückzukehren. In diesem Satz versteckt sich ein wichtiger Punkt, und zwar, daß der konfuzianische Rationalismus eigentlich nicht nur eine rationale Anpassung an die Welt ist, sondern

171) S.490, RS I.
172) Konfuzius betonte, daß nur ein gesittetes Vehalten keineswegs ausreichend sei, sondern daß gleichzeitig bestimmte innere Qualitäten vorhanden sein müßen. (Lun-yü III/3) Diese notwendige moralische innere Qualität wurde von ihm »Ren« genannt.

auch eine rationale Beherrschung von sich Selbst. Das »Ren« kann nicht mit der Askese des Protestantismus identifiziert werden, wovor Tu Wei-Ming gewarnt hat.[173] Dem Konfuzianismus ist die transzendente Prophetie fremd, die den Menschen zwingt oder verlangt, zu den weltlichen Interessen und den Anforderungen weltlicher Geschäfte im Gegensatz zu stehen. Eine derartige ethische Prophetie hat es im Konfuzianismus nicht gegeben. Im Konfuzianismus konnten Spannungen zwischen Natur und Gottheit nicht entstehen. Darum sucht das »Ren« keinen Gnadenstand durch körperliche Askese, und »sein eigenes Ich zu beherrschen« stammt nicht aus der Spannung zwischen Gottes Willen und der Welt des Menschen. Die wache Selbstbeherrschung war eigentlich ein großer Plan des Konfuzius, die Gesellschaft ohne Recht mittels der asketischen Ethik die Gesellschaft zu stabilisieren. Aber wache Selbstbeherrschung bedeutet nicht, wie Weber meint, daß sie davon ausging, »die Würde der äußeren Gesten und Manieren, das 'Gesicht', zu wahren.«[174] »Sein eigenes Ich beherrschen« ist eigentlich keine »'Haltung' an sich, ohne bestimmten Inhalt.« Das »Ren« hält eigen-

---

173) Es scheint, daß Tu Wei-ming das »Ren« und die Askese des Protestantismus nur auf der Seite der Religion verglichen hat, wie Opitz erläutert: »'Sich selbst beherrschen' hat in der Tat auch nichts mit radikaler Selbstlosigkeit oder Askese zu tun, wie sie von verschiedenen Religionen gefordert wird. Denn im Gegensatz zu diesen will Konfuzius den Menschen nicht von dieser Welt erlösen, sondern sein Leben in dieser Welt - und zwar nur in dieser - regulieren und kultivieren.« (S.527, Opitz 1990) Ich möchte hier betonen, daß die *konfuzianische Askese* »Ren«: systematische Selbstkontrolle, Unterdrückung aller Affekte, bewußte Selbstbeherrschung usw., zwar keine religiöse Askese, jedoch den körperlichen Trieb beherrscht und das selbst regulierende rationale Leben geführt hat. Was Max Weber mit der Askese des Protestantismus beschäftigt, liegt in der Tat nicht nur in der Beherrschung körperlicher Triebe, sondern auch in der Selbstregulierung, die die Fähigkeit und Disposition von Menschen zu einer bestimmten systematischen Art »praktisch-rationaler Lebensführung« bewirkte. Jedoch, die konfuzianische Askese führte auch zu einer systematischen Einheit, die als vorbildliches Menschtum »Kiün-tse« genannt wird.

174) S.531, RS I.

artigerweise an der Askese inne, wie Konfuzius die Bedeutung des »Ren« erklärt:

»Konfuzius sprach: Ohne 'Ren' kann man nicht dauernde Bedrängnis ertragen, noch kann man langen Wohlstand ertragen.«(»Lun-yü« IV/2)
»Konfuzius sprach: Wenn der Wille auf 'Ren' gerichtet ist, so gibt es kein Böses.«(»Lun-yü« IV/4)
»Fan Tschih (Schüler des Konfuzius) fragte darauf hin Konfuzius, was 'Ren' sei. Konfuzius sprach: 'Ren' - erst Schweres auf sich nehmen und zuletzt an Erfolg denken. Das würde ich 'Ren' nennen.«(»Lun-yü« VI/20)
»Ran Yung fragte nach dem 'Ren'. Konfuzius sprach: Außer Haus begegne den Menschen, als empfingest du erlauchte Gäste; setzt du das Volk zur Arbeit ein, so tue es, als ob du an einem feierlichen Opfer teilnehmest. Was dir selbst unerwünscht ist, füge auch keinem anderen zu; handele so, daß keiner dir gram ist im Staate und auch keiner dir gram ist im Hause.«(»Lun-yü« XII/2)

Das »Ren« ist also eine innerweltliche Orientierung in der Spannung zwischen dem *Ich* und der äußerlichen Welt. Das war das Hauptinteresse und der Drehpunkt des Konfuzianismus, wie Eisenstadt bestätigt: »Das Hauptinteresse des Konfuzianismus ging dahin, die gesellschaftlichen Beziehungen bewußt aus ihrem natürlichen Kontext herauszulösen und sie im Sinne höherer transzendenter Orientierungen zu ideologisieren. Die rechte Einstellung gegenüber diesen Orientierungen konnte nur erreicht werden, wenn man Ritual, Gelehrsamkeit und Kontemplation weitestgehend von Mystik und Magie entkleidete, was ein sehr hohes Maß an Reflexion nicht nur gestattete, sondern erforderte.«[175) Das »Ren« war also die Quintessenz des Konfuzianismus und ein wichtiges Mittel zum neuen Aufbau der gesellschaftlichen Ordnung. Zweifelsohne kann das »Ren« als »qualitativer Bruch in dem Feld der Geistesgeschichte Chinas«[Tu Wei-Ming] und als »Rückgrat des Konfuzius«[Wing-Tsit Chan][176) bewertet werden.

Das »Li« ist nun der äußerliche Verhaltenskodex, der die gesellschaftliche und die staatliche Ordnung

---

175) S.385, Eisenstadt 1983.
176) S.525, Opitz 1990.

zusammenhält. Das »Ren« dagegen steht bei Konfuzius in bezug auf innerliche und individuelle Qualität im Vordergrund. Das rationalisierungsfähige Menschentum durch diese *konfuziansiche Askese* (»Ren«) war in der konfuzianischen Welt immer vorhanden. Als die Modernisierungspolitik das europäische Rechtssystem übernahm, entstand das soziale Handeln und die Rechtsordnung als die legitime Ordnung. So konnten die ostasiatischen Länder die gesellschaftliche Rationalisierung schnell durchsetzen.

(3) Die Entwicklung des konfuzianischen Menschentums

Max Weber setzt die religiöse Prophetie mit der Entwicklung des Menschentums in Beziehung. Der Unterschied zwischen dem Okzident und Ostasien bei der Entwicklung des Menschentums liegt darin, daß sich das okzidentale Menschentum aus der mittelbaren psychischen Gewalt der Religiösität entwickelte: aus »dem psychologischem Antrieb zum Systematischen in der Lebensführung«[177)], die ihre methodische Rationalisierung erzwingt. Das konfuzianische Menschentum entwickelte sich dagegen aus der diesseitigen Ethik. »Eine echte Prophetie«, schreibt Weber, »schafft eine systematische Orientierung der Lebensführung an einem Wertmaßstab von innen heraus, der gegenüber die 'Welt' als das nach der Norm ethisch zu formende Material gilt.«[178)] Die Entwicklung des Menschentums in Ostasien ist jedoch zu weit entfernt von der Prophetie. In »Orthodoxie und Heterodoxie« resümiert Weber: »Hinlänglich starke Motive für eine religiös orientierte, etwa puritanische, Lebensmethodik des einzelnen konnte die chinesische Religiösität also weder in ihrer offiziellen staatskultischen noch in ihrer

177) S.128, RS I.
178) S.521, RS I.

taoistischen Wendung aus sich heraus setzen.«[179] Die konfuzianische Lebensorientierung ist diesseitig, nicht in der »Hoffnung auf eine absolute Utopie.«[180] Wegen des Mangels an Prophetie im Konfuzianismus scheint die Anziehungskraft zur Konzentration der systematischen Lebensführung schwächer als die Lebensführung im Protestantismus zu sein. Das Menschentum ist nicht versachlichter und die Lebensführung nicht systematischer als im Okzident. Das Gesellschaftssystem war nicht rationaler als im Okzident, jedoch lief das Leben unter einem System. Der Konfuzianismus hat ein Symbol des systematischen Menschen, nämlich »Kiün-tse«. Im Konfuzianismus entsteht kein rationales, positives Rechtssystem. Daher mußte das konfuzianische -einerseits menschenliebende, andererseits asketische- Menschentum *allein* die Verantwortung der Gesellschaftserhaltung übernehmen. Aufgrund dieser Sondersituation konzentrierte es sich auf die Entwicklung eines bestimmten Menschentums. Die konfuzianische Erziehung ist nicht nur auf ein rationales Menschentum gerichtet, sondern es konzentriert sich auch auf die verantwortliche Persönlichkeit in den Beziehungen zwischen Mitgliedern der Gesellschaft. Infolgedessen deckt sich die Erziehung der Persönlichkeit zur Verantwortung in der Umwelt durchaus nicht mit dem okzidentalen Individualismus, sondern erfolgt mit dem Ziel, Mitglieder einer »'Fiduziargemeinschaft' (einer Gemeinschaft auf Treu und Glauben)«[181] auszubilden. Der »Kiün-tse« ist ein Symbol des fiduziaren Menschentums. Er ist jedoch nicht nur eine »Kombination nützlicher Einzelqualitäten«, sondern auch eine »systematische Einheit«, die das rationale Leben führt und in der Gesellschaft eine bestimmte Verantwortung übernimmt. Das handelnde Individuum im Konfuzianismus wird nur unter dem Gesichtspunkt betrachtet, inwieweit es in seinem Handeln den normativen Erwartungen entspricht. Um die normativen Erwartungen zu erreichen, muß jeder »sich

---

179) S.490, RS I.
180) S.434, RS I.
181) S.50, Tu Wei-Ming 1990.

selbst beherrschen«. Jeder muß sein Handeln an die Gesellschaftsverhältnisse anpassen, da der Konfuzianismus nicht nur durch die Institutionalisierung, sondern auch durch die systematischen Beziehungen zwischen Menschen die Gesellschaft erhalten wollte. Daher betont er »Brüderlichkeit« und »Harmonie« in der Gesellschaft und im Staat. Hier wird sich zeigen, daß die Stellung der Individualität zu diesem Zeitpunkt im Vergleich zum Westen noch eine niedrige war. Das Hauptziel des konfuzianischen Menschenbilds war in erster Linie die konkret existierende Person, der Mitmensch in Familie und Gesellschaft. Das konfuzianische Individuum ist also nicht der handelnde Mensch als individuelle Ganzheit, sondern lediglich ein Rollenträger.

a) Der »Kiün-tse«[182] als systematische Einheit

Um zu verstehen, wie die Ostasiaten das rationale Leben führen, ist es notwendig, zunächst die Konzeption des Konfuzius vom »Kiün-tse« (Edlen) deutlicher herauszuarbeiten. Konfuzius forderte jeden auf ein »Kiün-tse« zu werden. Der »Kiün-tse« war eine Hofnung auf einen durch die konfuzianische Ethik vervollkommneten diesseitigen Menschen. Er bleibt bis heute in Ostasien ein vorbildlicher menschlicher Prototyp.

Der neue und von Konfuzius geförderte Menschentyp »Kiün-tse« war der zentrale Träger der ostasiatischen Gesellschaft, wie Weber richtig bemerkt hat: »Der 'Kiün-tse', der 'fürstliche Mensch', einst: der 'Held', war der Literatenzeit der zu allseitiger Selbstvervollkommung gelangte Mensch: ein 'Kunstwerk'

---

182) »Kiün-tse« (Max Weber) wird auch »Junzi« oder »Chün tsu« buchstabiert und oft als Fürstensohn, Vornehmer, Edeln, Gentleman usw. übersetzt.

im Sinne eines klassischen, ewig gültigen, seelischen Schönheitskanons, wie ihn die überlieferte Literatur in die Seelen ihrer Schüler pflanzte. Daß andererseits die Geister die 'Güter' im Sinn der sozialethischen Tüchtigkeit belohnen, war seit der Han-Zeit spätestens feststehender Glaube der Literaten.«[183] Die konfuzianische Herrschaftsform ging hauptsächlich von der Herrschaft durch Menschen aus, der Herrschaft des »Kiün-tses«. Er war nicht nur ein sich selbst beherrschender Mensch, sondern auch eine Hauptfigur in der »Santifizierung des politischen Schauplatzes.«[184] Er stand in der konfuzianischen Herrschaft im Mittelpunkt seiner ethisch-politischen Gedanken. Wenn ein vollkommener Mann als Vorbild an der Spitze des Volkes regiert und jedem die Entwicklung des vollkommenen Menschentums vorführt, wird das ganze Volk ohne Gesetze gut handeln. Darum kreist der größte Teil der Gespräche (Lun-yü) des Konfuzius um die Frage, welche Qualitäten ein Mann besitzen müsse, um die Herrschaft in einem Staat richtig ausüben zu können. Denn, erst wenn ein richtiger Mann das Land regiere, werde sich die Ordnung der Gesellschaft von selbst einstellen. In diesem Kontext entwickelte Konfuzius eine Lehre, in der er versucht, die Merkmale eines »Kiün-tse«, d.h. eines zur Herrschaftsausübung geeigneten, sittlich hochstehenden Menschen zu bestimmen. Ein »Kiün-tse« muß also die konfuzianische Lehre beherrschen und hat die große Aufgabe, sich selbst mit hohen moralischen Qualitäten zu einem leuchtenden Beispiel für das breite Volk zu erziehen. Der »Kiün-tse« wird im »Lun-yü« überall als der moralisch Höherstehende dargestellt.[185]

»Konfuzius sprach: Wenn die Menschen einen nicht erkennen, doch nicht murren: Ist das nicht auch 'Kiün-tse'?«(I/1)
»Meister Yu sprach: [...] 'Kiün-tse' pflegt die Wurzel; steht die Wurzel fest, so wächst der 'Tao'.«(I/2)
»Konfuzius sprach: 'Kiün-tse', der beim Essen nicht nach Sättigung, beim Wohnen nicht nach Bequemlichkeit fragt, eifrig im

183) S.420, RS I.
184) S.445, Einsenstadt 1990.
185) »Kiün-tse« wird im »Lun yü« über 55 Mal erwähnt.

Tun und vorsichtig in Reden, sich denen, die Grundsätze haben, naht, um sich zu bessern: der kann ein das Lernen Liebender genannt werden.«(I/14)
»Konfuzius sprach: 'Kiün-tse' ist kein Gerät, das nur einer Verrichtung dient.«(II/12)[186)]
»Konfuzius sprach: 'Kiün-tse' ist vollkommen und nicht engherzig. Der Gemeine ist engherzig und nicht vollkommen.«(II/14)
»Konfuzius sprach: [...] Ein 'Kiün-tse', der von der 'Ren' läßt, entspricht nicht dem Begriff des 'Kiün-tse'. 'Kiün-tse' übertritt nicht während der Dauer einer Mahlzeit das 'Ren'. In Drang und Hitze bleibt er unentwegt dabei, in Sturm und Gefahr bleibt er unentwegt dabei.«(IV/5)
»Konfuzius sprach: 'Kiün-tse' liebt den inneren Wert, der Gemeine liebt das Irdische; 'Kiün-tse' liebt das Gesetz, der Gemeine sucht die Gunst.«(IV/11)
»Konfuzius sprach: 'Kiün-tse' ist bewandert in der Pflicht, der Gemeine ist bewandert im Gewinn.«(IV/16)
»Konfuzius sprach: [...] Darum sorge 'Kiün-tse', daß er seine Begriffe unter allen Umständen zu Worte bringen kann und seine Worte unter allen Umständen zu Taten machen kann. 'Kiün-tse' duldet nicht, daß in seinen Worten irgend etwas in Unordnung ist. Das ist es, worauf alles ankommt.«(XIII/3)
»Konfuzius sprach: Die Pflicht als Grundlage, Anmut beim Handeln, Bescheidenheit in den Äußerungen, Treue in der Durchführung: wahrlich so ist ein 'Kiün-tse'.«(XV/17)
»Konfuzius sprach: 'Kiün-tse' leidet darunter, daß er keine Fähigkeiten hat, er leidet nicht darunter, daß die Menschen ihn nicht anerkennen.«(XV/18)

Der »Kiün-tse« ist ein vorbildlicher Mann, der durch die innerliche Spannung zwischen den normativen Erwartungen und sich selbst die asketische Ethik erfüllt. Er liebt den inneren Wert des »Ren«. Das »Ren« ist die Tugend des »Kiün-tses« als Mensch. Konfuzius

---

186) Max Weber liefert in diesem Zusammenhang eine falsche Interpretation des Konfuzianismus: »Der grundlegende Satz: 'Ein Vornehmer ist kein Werkzeug', bedeutete: er war Selbstzweck und nicht, wie das Werkzeug, nur Mittel zu einem spezifizierten nützlichen Gebrauch.« (S.449, RS I, Vgl. auch S.532 RS I) Hier betrachtet Max Weber das Fehlen der »rationalen Fachspezialisierung« als notwendige Folgerung aus der ostasiatischen Kulturidee. »'Kiün-tse' ist kein Gerät« bedeutet eigentlich, daß 'Kiün-tse' nicht einseitig sein darf wie ein Werkzeug, das nur für einen Gebrauch tätig ist. Der »Kiün-tse«, der sich nach den konfuzianischen Lehren für seine Tätigkeit im Staatsdienst vorbereitet, soll sich nicht nur zum Experten in irgendeinem Fach, sondern zum Koordinator aller Fachbereiche ausbilden lassen.

stellt fest, daß ein »Kiün-tse« ohne »Ren« kein »Kiün-tse« ist.(Lun-yü IV/5) Der »Kiün-tse« zeichnet sich nicht nur durch eine äußere moralische Haltung aus, sondern auch durch eine innere seelische Haltung, die in ihren besten Repräsentanten immer wieder Achtung gebietet; eine innere Festigkeit, die ihre Träger und damit die ganze ostasiatische Gesellschaft immer wieder vor der Selbstauflösung, dem seelischen Nihilismus bewahrt hat. Darum ist »Kiün-tse« nicht nur ein ästhetischer Wert.[187] Bei der Entwicklung des Menschentums in Ostasien ist der Geist des »Kiün-tse« stark verwurzelt.

Die konfuzianische Philosophie war die Ethik einer vornehmen, literarischen Schicht - einer Eliteklasse, die die gesamte ostasiatische Lebensführung beeinflußte. Der »Kiün-tse« war die Hauptfigur des gesellschaftstragenden Typs. Die Gesinnung des »Kiün-tse« war ein Typ des ostasiatischen Menschentums in der ostasiatischen Klassengesellschaft. Nach der Etablierung des Konfuzianismus war die ostasiatische Gesellschaft eine geschlossene Gesellschaft mit einer ererbten Klassengesellschaft, die bis zur zweiten Hälfte des 19. Jahrhunderts aus einer Gelehrten-, einer selbständigen Bauern-, einer Handwerker- und einer Kaufmannsklasse bestand. Die gelehrt-literarische Klasse stellte die Herrscherklasse oder Bürokraten. Die selbständige Bauernklasse konnte durch eine staatliche Prüfung verbeamtet werden. Damit gehörte sie dann automatisch zur Gelehrtenklasse. Die Handwerker- und die Kaufmannsklasse konnten sich dagegen nicht um eine Aufnahme in die Gelehrtenklasse bewerben. Sie bildeten von Geburt an die Unterklasse. In dieser Vier-Klassengesellschaft gehört der »Kiün-tse« eigentlich nur zur hauchdünnen Eliteklasse. Er sollte ein Vorbild fungieren. Zum »Kiün-tse«, der prinzipiell mit der Regierung beschäftigt war, wurde seit Konfuzius nicht mehr nur der Geburtsadel gerechnet, sondern vor allem diejenigen, die erstens sich selbst beherrschten und weiter diejenigen, die konfuziani-

---

187) Vgl. S.535, RS I.

sche Familientugenden und Staatstugenden erprobten.[188] Die konfuzianische Lehre hat in der Tat nicht nur die Herrscherklasse, sondern alle Menschen, die sich selbst beherrschen können und die die Familientugenden und Staatstugenden erprobten, »Kiün-tse« genannt. Oskar Weggel hat das als »Metakonfuzianismus« genannt. Damit ist »nicht der Konfuzianismus der Großen Tradition und des Mandarinats gemeint, sondern der Konfuzianismus des kleinen Mannes - besser: der 'Bauern-, Handwerker- und Händlerkonfuzianismus'«[189]. Das heißt, daß die Klassen der Bauern-, Handwerker- und Kaufmannsklasse ebenfalls versuchten, eine vollkommene Persönlichkeit auszubilden und sich in der Gesellschaft vorbildlich zu verhalten.

b) Die »Brüderlichkeit« als eine Grundlage des Menschentums

Der Begriff der »Brüderlichkeit« in der Familie und bei den Nächsten existiert schon seit dem Altertum in allen Kulturen. Es ist schwierig, die »Brüderlichkeit« in der konfuzianischen Ethik zu definieren. Es gibt im Konfuzianismus keine Spannung zwischen »Gott« und der »Welt«. Daher wird die Person weniger zu einem alleinstehenden Individuum, sondern eher zu einem Gemeinschaftswesen erzogen, d.h. die Person wird als Teil eines Ganzen im Zusammenhang mit anderen und als dienendes, verantwortliches Glied der Gemeinschaft gesehen. »Brüderlichkeit« im Konfuzianismus ist erstens die Liebe in der Familie. In der Familie sind Eltern und Kinder, Brüder und Schwestern

---

188) Ursprünglich konnten die Handwerker- und die Kaufmannsklasse nicht »Kiün-tse« genannt werden, sondern nur jene Menschen, die die konfuzianische Tugend erprobten von der Shi-Klasse (Gelernten) und der (selbständigen) Bauerklasse.

189) S.497, Weggel 1990.

durch Blutsbande miteinander verbunden. Ihre Liebe zueinander geht von der Natur und vom innersten Gefühl aus. Jede Unredlichkeit und jedes vorgetäuschte Gefühl hat mit dieser Liebe nichts zu tun. Dazu gehören folgende zusammengehaltenen Tugenden: Achtung vor Älteren, Sorge für Jüngere, Zucht zwischen Ehegatten und Freundestreue. Diese konfuzianische Erziehung des Einzelnen zur »Brüderlichkeit« wurde das Fundament der sozialen und innerlichen Ordnung. Der grundlegende Unterschied zu anderen Kulturen ist, daß sich in Ostasien die »Brüderlichkeit« zur gesellschaftlichen, weitgehend staatlichen Ethik systematisierte und sublimierte. »Brüderlichkeit« im Konfuzianismus bedeutet nicht nur die Liebe zu den Menschen, die einen umgeben, sondern die Liebe zu *allen* Menschen. Für Max Weber ist »Brüderlichkeit« kein taugliches Mittel zur gesellschaftlichen Rationalisierung, sondern eine okkasionelle Ethik. Die »Brüderlichkeit« im Konfuzianismus ist aber keine okkasionelle, sondern eine »zum System gesteigerte« Ethik.

Der Konfuzianismus sieht die Welt als großes Kontinuum, das sich von der kosmischen Hierarchie von Himmel und Ahnen bis zur konkreten Gesellschaftsordnung erstreckt. In der konfuzianischen Ethik wird die Spannung zwischen den Menschen eher vermieden. Menschen lernen erstens zu Hause unter festen Regeln die »Brüderlichkeit« zwischen Geschwistern. Die Familienliebe ist Ausgangspunkt der »Menschenliebe«. Die Familienmitglieder beruhen auf dem Bewußtsein der gegenseitigen affirmativen und bewußten Verpflichtung. Die konfuzianische Familie ist deshalb die vorbildliche Einheit für jede menschliche Gemeinschaft. Die Familie basiert auf der kosmischen Harmonie. Die geistige Einbildung, die äußerlich durch das Verwobensein von »Li« mit dem Imperativ patriarchalischer Verehrung und innerlich durch »Ren« die »Menschenliebe« verstärkt wurde, entsprach der sozialen Einbindung in die Familie und der Einbindung des Individuums in das gesellschaftliche Ganze. Durch das in diese Richtung entwickelte Menschentum stellt sich eine gesellschaftliche Harmonie dar. Dieses Hausgemeinschaftsmodell überträgt sich von der Gesellschaft weiter auf den Staat. Die konfuzianische Tradition betonte also die »innerweltlichen Pflichten und Aktivitäten im gegebenen sozialen Rahmen -der Familie, den Verwandtschaftsgruppen und dem Staatsdienst- und hob hervor, daß eine Verbindung zwischen der einwandfreien Durchführung dieser Pflichten und den letzten Kriterien individueller Verantwortung besteht.«[190] Diese Verbindung wollte der Konfuzianismus durch die Erziehung systematisieren. Konfuzius betonte dies hinsichtlich der richtigen Behandlung zwischen Menschen. »Brüderlichkeit« ist ein wichtiger erster Schritt in die Richtung der gesellschaftlichen Ordnung und das Erwachen des Selbstbewußtseins in der Menschheit. Diese Tendenz des Konfuzianismus ist durch die Harmonie zwischen irdischer und himmlischer Ordnung gekennzeichnet.

c) Das ostasiatische Menschentum als Synthese des »Li« und des »Ren«

Was das ostasiatische Menschentum eigentlich ist, ist die entscheidende Frage danach, was die okzidentale von der ostasiatischen Rationalisierung unterscheidet. Die Menschen wurden im Konfuzianismus auch als Individuen mit dem »Ren« und dem »Li« erzogen, jedoch anders als der Individualismus im Okzident als Mit-Menschen.[191] Die sozialethische Lehre des Konfuzius läßt sich im großen und ganzen in den ethisch-politischen bzw. philosophischen Gedanken zusammenfassen, die zur Bildung eines neuen Menschentyps führen sollte. Der Konfuzianismus hat den Begriff des

---

190) S.46, Eisenstadt 1982.

191) Daher wird die konfuzianische Ethik auch eine »Ethik der Mit-Menschlichkeit« genannt. (S.500, O.Weggel 1990)

neuen Menschentyps als ein Individuum im Bewußtsein der eigenen Würde und seiner inneren moralischen Kraft definiert. Trotzdem wird es gewöhnlich nicht als individuelle Entität im gesellschaftlichen Raum verstanden. Individuen verschmelzen als Bestandteile mit der Familie oder mit der Gesellschaft, wobei sie erst durch ihre vollständige Integration ihre Identität finden. Der Einzelne gilt also nicht als Individuum, sondern »als Gruppenmitglied mit einem bestimmten gemeinschaftsbezogenen Imago, das permanent bestätigt sein will und mit einem Verhaltenskodex, der genau auf Situationen und Hierarchieebenen abgestimmt ist.«[192)]

Der Konfuzianismus wollte die politische und gesellschaftliche Ordnung nicht durch eine Rechtsordnung erreichen, sondern dadurch, daß er sie ethisch fundiert, indem er versucht, die ethische Ordnung beim einzelnen Menschen zu verwirklichen. Um die Gesellschaftsordnung stabil zu halten, plädiert der Konfuzianismus für das ostasiatische Menschentum, welches durch eine Synthese von »Li« und »Ren« systematisiert wird. Im Konfuzianismus geht es in erster Linie um die Menschen, um deren Erziehung und ethischen Willen. Der ostasiatische Mensch benötigt die konfuzianische Ethik zur Entwicklung des Menschentums. Dabei geht es um den »Kiün-tse«. Konfuzius kennzeichnet den »Kiün-tse« in zweifacher Hinsicht: Einerseits hat er eine bestimmte innere Qualität, die, wie oben genannt, als »Ren« bezeichnet wird. Andererseits hat er auch das »Li«, also das richtige äußere Verhalten gegenüber den Mitmenschen. Vor dem vorbildlichen »Kiün-tse« wurde den Ostasiaten innerlich das »Ren« und äußerlich das »Li« anerzogen. Für die Entwicklung des Menschentums in Ostasien war, indirekt, die konfuzianische Ethik, z.B. die individu-

---

192) S.501, Weggel 1990. Darum scheint es, daß sich Individuen in der konfuzianischen Gesellschaft an die Tradition anpassen. Die unterschiedliche Entstehung und Rolle des Individuums im Vergleich zum Okzident hat eine andere soziale Kultur erzeugt.

elle innerliche Norm durch das »Ren«. Für sie bestimmt nicht nur das »Ren«, sondern auch direkt, durch den Grundsatz der gemeinschaftlich-patriarchalischen Lehre (»Li«). Das »Li« bezieht sich auf das soziale Verhalten und wurde zum Inbegriff der sozialen Bindung, der Einbindung des Individuums in das gesellschaftliche Ganze. »Ren« bezieht sich auf die innere Orientierung einer Person. Der Konfuzianismus zieht die innere Orientierung (»Ren«) dem äußeren Verhalten (»Li«) vor.

Es ist schwierig, wie man das »Ren« in der menschlichen Beziehung definieren soll. Das »Ren« bezieht sich von vornherein zunächst auf die einzelne innerliche asketische Ethik. Aber nicht nur das, es bezieht sich auch auf ein zwischenmenschliches Verhältnis, nämlich auf die »Menschenliebe« und »Brüderlichkeit«. Orientierung in der menschlichen Beziehung heißt, daß erstens jeder das gemeinschaftsbezogene, menschenliebende, miteinander vertraute brüderliche Leben führen soll und weiter, daß die Schwierigkeit dieser »Fiduziargemeinschaft« jeder für sich durch Selbstbeherrschung bewältigen muß. Die »Menschenliebe« ist das in jedem Menschen verborgene Gute. Jeder dient dem »Himmel« oder der »Welt« am besten dadurch, daß er seine eigene wahre Natur entwickelt. Auf diese Weise wird die »Menschenliebe« in Erscheinung treten. Als ein Schüler des Konfuzius nach dem »Ren« fragte, antwortete er: »Die Menschen lieben.«[193] »Die Menschen lieben« ist eine innerliche Tugend des individuellen Menschen und soll als Frucht des »Ren« immer im Individuum innegehalten werden. Der Konfuzianismus wollte durch die Lebensführung - »Menschenliebe«, »Brüderlichkeit«- die feste Gesellschaftsordnung erreichen. Damit wollte er die kosmische Ordnung in der Gesellschaft und im Staat schaffen. Hier ist das »Ren« als individuelle innerliche Askese als ein Mittel zum Ziel der gesellschaftlichen Harmonie zu sehen. Eerst wenn gesellschaftliche Har-

---

193) »Fan Tschih fragte nach 'Ren'. Konfuzius sprach: Die Menschen lieben«. (»Lun-yü« XII/22)

monie durch die individuelle innerliche Askese erhalten bleibt, können die Menschen harmonisch zusammenleben. Oskar Weggel hat das »Ren« als »Gemeinschaftsbezogenheit« übersetzt. Er ändert die Übersetzung dahingehend, weil »Ren« »auf die organisch gewachsene (im Gegensatz zur zweckhaft geschaffenen 'gesellschaftlichen') Einbindung hingedeutet wird.«[194] Hier ist das »Ren« als Gemeinschaftsbezogenheit gemeint, als einzelne Gesinnung in der Gemeinschaft. Konfuzius wollte durch die Erziehung des einzelnen Menschen zu »Menschenliebe« oder »Brüderlichkeit« in der Gemeinschaft eine kosmische Harmonie erreichen, wobei Harmonie -hier »Fiduziargemeinschaft«- das rechte Maß beim individuellen Handeln bedeutet. Dieses Prinzip der Harmonie in Ostasien hat bis heute in der Industriegesellschaft noch eine positive Bedeutung. Das Individuum soll dazu erzogen werden, die zwischenmenschlichen Konflikte durch »Brüderlichkeitsliebe« oder »Harmonie« zu vermeiden. In dieser »Gemeinschaftsbezogenheit« liegt sicherlich die Begründung der konfuzia-nischen Ethik, die im Prinzip niemals ihre Kraft verloren hat, und zwar bis heute.

194) S.498, Weggel 1990. Die Übersetzung »Ren« als »Gemeinschaftsbezogenheit« ist überzeugender als »Menschenliebe« oder »Sittlichkeit«.

Teil III

Gesellschaftliche Rationalisierung in Ostasien

I. Die gesellschaftliche Rationalisierung in Ostasien

Bei den Bedingungen der gesellschaftlichen Rationalisierung im Okzident interessiert sich Weber zunächst für die positive Analyse der wachsenden rationalisierten okzidentalen Kultur im Vergleich zu den anderen Weltkulturen. Er versucht in seiner Untersuchung der okzidentalen gesellschaftlichen Rationalisierungstendenz die Grundformen neuzeitlicher Rationalisierung zu finden. Von den Komponenten des sozialen Handelns und der legitimen Ordnung her sieht Weber die gesellschaftliche Rationalisierung des Okzidents. Um den gesellschaftlichen Rationalisierungsprozeß in Ostasien zu untersuchen, will ich das Rationalisierungskonzept der gesellschaftlichen Rationalisierung von Weber als Muster nehmen. Seine Grundpfeiler der gesellschaftlichen Rationalisierung stehen auf dem sozialen Handeln. Das soziale Handeln wird vom versachlichten individuellen Handeln abgeleitet. Es hat sich an der Rechtsordnung als »Bestimmungsgrund sozialen Handelns« orientiert. Ich will versuchen herauszufinden, wie die ostasiatische Gesellschaft im Vergleich zu dem Rationalisierungskonzept von Weber rationalisiert worden ist.

1. Die okzidentale gesellschaftliche Rationalisierung

Das Gesellschaftsgebilde von Weber wurzelt im sozialen Handeln, wodurch die moderne Gesellschaft berechenbar geworden ist. In diesem Gesellschaftsgebilde steht das Organisationsmodell des modernen Staats und des kapitalistischen Betriebes an erster Stelle. Weber definiert den modernen Staat wie folgt: »Der Staat ist diejenige menschliche Gemeinschaft, welche innerhalb eines bestimmten Gebietes - dies: das 'Gebiet' gehört zum Merkmal - das Monopol legitimer physischer Gewaltsamkeit für sich (mit Erfolg) beansprucht.«[195] Der Staat ist »diejenige menschliche Gemeinschaft« und ein auf »Gewaltsamkeit gestütztes Herrschaftsverhältnis von Menschen über Menschen.«[196] Im Gesellschaftsgebilde hat der Mensch Entscheidungsmöglichkeiten. Daher betont Weber stets die hervorragende Bedeutung der Wissenschaften vom menschlichen Handeln im Rahmen der Kultur- oder auch Geisteswissenschaften.[197] In seiner Geschichte der gesellschaftlichen Rationalisierung entwickelt er daher keine Staatsformen, sondern Herrschaftsformen, die von den Beherrschten legitimiert werden können. Für Weber ist der Einzelne »nach oben zu die Grenze und der einzige Träger sinnhaften Sichverhaltens« und es ist die Aufgabe der Soziologie, begriffliche Entitäten wie »Staat«, »Genossenschaft« oder »Feudalismus« »auf 'verständliches' Handeln, und das heißt ausnahmslos: auf Handeln der beteiligten Einzelmenschen zu reduzieren.«[198] Jedoch ist zur gesellschaftlichen Rationalisierung nicht nur das subjektive Handeln notwendig, sondern auch die legitime Ordnung als »ein Komplex von faktischen Bestimmungsgründen realen menschlichen Handelns«. In der Rationalisierung tritt

---

195) S.506, PS.
196) S.507, PS.
197) S.6, Winckelmann 1952.
198) S.439, WL.

die »sachlich-unpersönliche« Rechtsordnung als legitime Ordnung ein. Die Entwicklung der gesellschaftlichen Rationalisierung ist erstens vom Individualismus abgeleitet und dann von der Orientierung des sozialen Handelns an der legitimen Ordnung. Das heißt, daß die Institutionalisierung zweckrationalen Handelns nicht nur für die Vorhersehbarkeit und Berechenbarkeit des individuellen Handelns relevant ist, sondern auch als Orientierungsmittel für das Handeln. Die legitime Ordnung ist in der gesellschaftlichen Rationalisierung hauptsächlich in der Legalität zu finden. Die »Konvention« kann eine legitime Ordnung sein, da es Staatlichkeit auch ohne rational gesatzte Ordnung gibt, ohne den Anstaltsbegriff, auf der Basis von Herrschaftsverhältnissen, die auf Charisma oder Tradition beruhen.[199)] Jedoch ist die »Konvention« für die Rationalisierung nicht geeignet, da sie »die innerhalb eines Menschenkreises als geltend gebilligte und durch Mißbilligung gegen Abweichungen garantierte 'Sitte'«[200)] ist. Die »Sitte« hat keine Zwangsorientierung, sondern entsteht durch »Gewohnheit, unreflektierte Nachahmung«[201)] oder aufgrund einer Anpassung an die durch äußere Lebensumstände bedingte, faktische Regelmäßigkeit des Verhaltens.

Kurzum, im Zentrum gesellschaftlichen Rationalisierung steht der Individualismus und dessen soziales Handeln; aber nicht nur das soziale Handeln, sondern auch das Merkmal der Rationalisierung in der legitimen Ordnung, an der sich das soziale Handeln orientiert. Die gesellschaftliche Rationalisierung hat den Handelnden selbst weitestgehend der Ordnung unterworfen, die eine hohe Regelmäßigkeit der Einstellung sozialen Handelns zuläßt. Die Rechtsordnung hat nicht nur im Okzident zur Institutionalisierung zweckrationalen Handelns eine Rolle gespielt, sondern auch in Ostasien entscheidend zur Modernisierung beigetragen.

---

199) S.26, Breuer 1994.
200) S.18, WG.
201) S.187, WG.

(1) Der Individualismus

Um den Begriff der gesellschaftlichen Rationalisierung zu entwickeln, greift Weber als Grundpfeiler auf den Individualismus zurück. Für ihn ist die Soziologie eine Wissenschaft, die sich mit subjektiv sinnhaftem Handeln befaßt. Die moderne Gesellschaft ist darum für ihn nichts anderes als die Chance, daß in bestimmter, sinnhaft angebbarer Weise vom einzelnen Individuum gehandelt wird, und die Entwicklung der gesellschaftlichen Strukturen vom Individuum abgeleitet ist. Weber erfaßt die Rationalisierung zunächst in der Kategorie des sozialen Handelns, und zwar des zweckrationalen Handelns. Das zweckhafte subjektive Handeln ist das »verstehbare« Handeln. Es gibt für ihn keine gute, gerechte oder demokratische Gesellschaftsordnung. Es gibt nur Individuen, die versuchen, sich angepaßt an Ordnungen zu verhalten. Daß Weber das Individuum zum Grundbegriff seiner Soziologie macht, ist aus seiner Auffassung zu erklären, daß nur das inviduelle Handeln real ist. Der Begriff des Individuums ist damit als der wirklichkeitswissenschaftliche Begriff gemeint. Darum lehnt es Weber ab, Sozialstrukturen mit dem Kollektivismus zu interpretieren. Er gilt als Verfechter des methodologischen Individualismus im soziologischen Denken. Immer wieder kommt er auf den Sachverhalt, der ja den Kernpunkt des Programms des methodologischen Individualismus bildet, zurück. Daher geht Weber bei seiner Analyse der Gesellschaft vom sozialen Handeln aus. Das soziale Handeln ist zweckrationales, wertrationales, affektuelles und traditionales Handeln.[202] Soziologisch idealtypisches Handeln ist zweckrational orientiertes Handeln. Das Modell zweckorientierten Handelns geht davon aus, daß das Individuum aus-

202) S.12f, WG

schließlich an der Erreichung seines nach Zwecken hinreichend präzisierten Ziels orientiert ist und daß sein Handeln als Mittel für erstrebte und abgewogene eigene Zwecke motiviert ist.

a) Das soziale Handeln

Max Webers Grundpfeiler der Soziologie ist das soziale Handeln. Weber spricht sich deutlich für eine Soziologie aus, deren zentrale Aufgabe die Erklärung sozialen Handelns ist.[203] Soziologie soll heißen: »Eine Wissenschaft, welche soziales Handeln deutend verstehen und dadurch in seinem Ablauf und seinen Wirkungen ursächlich erklären will.«[204] Das soziale Handeln ist das Handeln, das den »gemeinten Sinn« des Handelnden als die tatsächliche Seinsform hat und mit dem Sinn auf das Handeln anderer bezogen ist. In der Soziologie Webers soll soziales Handeln jenes Handeln heißen, »welches seinem von dem oder den Handelnden gemeinten Sinn nach auf das Verhalten anderer bezogen wird und daran in seinem Ablauf orientiert ist.«[205] Die Typologie des sozialen Handelns bezieht sich auf universelle menschliche Fähigkeiten. Ihre Existenz ist unabhängig von gesellschaftlichen, kulturellen oder historischen Konstellationen: »Weder identisch a) mit einem gleichmäßigen Handeln mehrerer, noch b) mit jedem durch das Verhalten anderer beeinflußten Handeln.«[206] Mit dem Begriff des sozialen Handelns versteht Weber alle Bereiche gesellschaftlichen Handelns als »subjektiven Sinn«. Die Definition alles Handelns hätte einen »subjektiven Sinn« bestätigt, so daß Weber es für erforderlich hält, das gesellschaft-

---

203) S.1, WG.
204) S.1, WG
205) S.1, WG.
206) S.11, WG

liche Leben in subjektiven Kategorien als generelle Geltung schlechthin zu interpretieren. Das soziale Handeln als subjektiven Sinn kann hier als individueller, in sich geschlossener und somit begreifbarer Akt betrachtet werden. Der primäre Träger des Handelns ist für Weber stets der einzelne Mensch.[207] Hier wird der Begriff des sozialen Handelns in eine Beziehung zu tatsächlich bestehenden gesellschaftlichen Formen gebracht. Im sozialen Handeln ist ein bestimmtes Konzept von Gesellschaft enthalten, das nicht nur die Untersuchung der bürgerlichen Gesellschaft anleiten soll, sondern generelle Geltung[208] beansprucht.

Soziales Handeln hat für die betreffenden Personen einen subjektiven Sinn, die rationale Deutbarkeit des Handelns einzelner Individuen. Genauer gesagt ist das *soziale* Handeln dasjenige, »welches seinen von dem oder den Handelnden gemeinten Sinn nach auf das Verhalten anderer bezogen wird.« Das Handeln, das seinem gemeinten Sinn nach auf das Verhalten anderer bezogen ist, bezeichnet Weber als das soziale Handeln mit freiem Handeln. Von der soziologischen Perspektive aus handelt es sich um das soziale Handeln des Individualismus. Weber geht in seiner soziologischen Theorie von einer bestimmten philosophischen Auffassung der Natur des Menschen und des Wesens der Freiheit aus. Das Subjekt führt sein Handeln, das jedoch nicht wie ein Naturereignis dahin geleitet, sondern seinem gemeinten Sinn nach bewußt geführt werden kann. »Seinem gemeinten Sinn nach« ist das spezifische Ergebnis der menschlichen Befreiung, dessen allmähliche Entwicklung in der Geschichte der abendländischen Kultur Weber im einzelnen untersucht. Soziales Handeln als freies Handeln impliziert hier die Verantwortlichkeit menschlichen Handelns. Hier bildet

207) Dagegen war es schwer, in der konfuzianischen Gesellschaft im einzelnen Menschen den Träger des sozialen Handelns zu finden.

208) Diese Geltung wird von Weber als tatsächliche Seinsform der Objekte im sozialen Raum bezeichnet.

das soziale Handeln eine Autonomie aus, die ihm eine Freiheit gegenüber allen Handlungszielen und Werten ermöglicht. Freiheit ist also die Voraussetzung für die Erfüllung der individuellen Bestimmung, gemäß der eigenen Entscheidungen nach dem eigenen Willen zu handeln. »Individuelle Freiheit in der Bestimmung der Bedingung der eigenen Lebensführung«[209)] eröffnet den Handelnden eine Vielzahl von Handlungsmöglichkeiten. Es gehört zu Webers wichtigen Entdeckungen, daß das freie Handeln im Sinne der Möglichkeit der bewußten Wahl zwischen alternativen Handlungsmöglichkeiten gerade mit der Existenz ziemlich stabiler Regelmäßigkeiten des Handlungsgeschehens einhergeht. Was die individuelle Freiheit bei den Entscheidungen des eigenen Zwecks betrifft, so ist hierfür die erste Voraussetzung der Abbau von traditionalen und verpflichtenden Wertideen zum subjektiven Handeln.

b) Das zweckrationale Handeln als subjektives Handeln

Zweckrationales Handeln ist ein solches Handeln, »welches ausschließlich orientiert ist an (subjektiv) als adäquat vorgestellten Mitteln für (subjektiv) eindeutig erfaßte Zwecke.«[210)] Jedes soziale Handeln trägt letztlich zweckrationale Züge.[211)] Zweckrationales Handeln ist, sich Ziele und Zwecke frei zu setzen und zu verfolgen, auf eigene Faust seine Gewinn- oder einfach Überlebenschancen in dem ebenso freien Spiel von Angebot und Nachfrage zu suchen. Dadurch kommt das zweckrationale Handeln zustande, wobei der Handelnde sein Handeln bedenkt, indem er es an Normen orientiert und durch Zwecke und Mittel erwägt. Weber beschreibt diesen Vorgang wie folgt: »[...] Der han-

---

209) S.439, WG.
210) S.428, WL.
211) S.551f, PS.

delnde Mensch erwägt, soweit er streng 'rational' handelt -was wir hier annehmen- die 'außerhalb' seiner liegenden, nach Maßgabe seiner Kenntnis in der Wirklichkeit gegebenen, 'Bedingungen' der ihn interessierenden Zukunftsentwicklung und schaltet nun gedanklich verschiedene 'mögliche Arten' seines eigenen Verhaltens und deren, in Verbindungen mit jenen 'äußeren' Bedingungen, zu erwartende Erfolge in den Kausalnexus ein, um dann je nach den dergestalt (gedanklich) ermittelten 'möglichen' Ergebnissen sich für die eine oder die andere Verhaltungsweise, als die seinem 'Zweck' entsprechende, zu entscheiden.«[212] Das zweckrationale Handeln ist für ihn das subjektive Handeln, das nicht nur in der Wahl der Zwecke an die jeweilige Situation gebunden ist, sondern auch in der Wahl der Mittel. Zweckrationales Handeln ist ein Verhaltenskomplex, das vom Handelnden zur Erreichung rational selbst gewählter Ziele angewendet wird und geprägt wird durch den bewußten Glauben an den Eigenwert eines bestimmten Verhaltens. Demgegenüber ist affektuelles oder traditionales Handeln weniger auf bewußte Ziele gerichtet, als vielmehr Ausdruck eines Gefühls oder Habitus. Die bewußt gelenkte Handlung ist lediglich diejenige, die mit einem Mittel einen bestimmten Zweck zu verwirklichen bzw. ein Ziel zu erreichen versucht. Dieses Zweck-Mittel-Handeln ist das individuelle Handeln.

Der Ausgangspunkt zweckrationalen Handelns ist das Individuum, das unter einer exakten Kalkulation handelt, »eine exakte Kalkulation ist die Grundlage alles anderen, die eben nur auf dem Boden freier Arbeit möglich ist.«[213] Der Begriff des Individuums und damit der Begriff der Freiheit ist als wirklichkeitswissenschaftlicher Begriff gemeint. Weber setzt voraus, daß der Mensch die Fähigkeit besitzt, weitgehend unabhängig von »äußerem Zwang« oder »inneren Affekten« zu handeln.[214] Das frei entscheidende Individuum

212) S.267, WL.
213) S.9, RS I.
214) S.132, WL.

versucht seine Zwecke durchzusetzen, indem es die objektiv zur Verfügung stehenden Mittel analysiert und rational zwischen ihnen wählt. Das subjektive Handeln leitet sich gerade aus dem Vermögen zur rationalen Selbstbesinnung her. Das zweckrationale Handeln, d.h. das zweckorientierte, subjektive Handeln, ist ein Hauptbestandteil der gesellschaftlichen Rationalisierung. Immer wieder bemüht sich Weber zu zeigen, wo die Entscheidungen des Menschen liegen und, daß das subjektive Handeln nur durch freie Entscheidungen des Menschen zu bewahren ist. Als freie Person handeln bedeutet somit, zweckmäßig, d.h. in der rationalen Anmessung der gegebenen Mittel an den vorgesetzten Zweck und insofern folgerichtig bzw. konsequent zu handeln. Die dazu notwendige Beurteilung der Realität ist ein rein technischer Art. Weder die Entstehungsursachen, noch die mögliche Veränderbarkeit oder die Bewertung der Wirklichkeit stehen in Frage. Für das zweckrational handelnde Individuum sind die Bestandteile der Realität lediglich in ihrer technischen Funktion hindernde oder fördernde Faktoren oder Mittel für die Durchsetzung eigener Ziele und Interessen. Das handelnde Individuum führt sein Leben rational nach diesem Zweck. Der Ausgangspunkt der gesellschaftlichen Rationalisierung ist das invidividuelle Handeln, insbesondere das zweckrationale Handeln, und die Entstehung der gesellschaftlichen Rationalisierung ist als Vorgang der Institutionalisierung des zweckrationalen Handelns zu beschreiben.

(2) Die legitime Ordnung als Bestimmungsgrund des sozialen Handelns im Prozeß der gesellschaftlichen Rationalisierung

Im Prozeß der gesellschaftlichen Rationalisierung stellt nicht nur das »soziale Handeln« eine wichtige

Komponente dar, und insbesondere das »zweckrationale Handeln«, sondern auch die legitime Ordnung als »wertrationales Handeln«. Das zweckrationale Handeln ist frei in der Wahl seiner Ziele. Es wird durch die legitime Ordnung eingeleitet. Die Zuordnung von Mitteln zu Zwecken erfolgt grundsätzlich durch die Anwendung der legitimen Ordnung, die das zweckrationale Handeln zunächst konstituiert. Die Entwicklung der gesellschaftlichen Rationalisierung ist also auf die »legitime Ordnung« angewiesen. Die Rechtsordnung ist eine »legitime Ordnung« in der rationalen Gesellschaft, deren Geltung äußerlich garantiert ist durch die Chance phyischen und psychischen Zwanges. Die Rechtsordnung wird in der gesellschaftlichen Rationalisierung als Legalitätsglaube bezeichnet. Weber sagt, daß die legitime Ordnung als Ordnung kraft einer positiven Satzung zugeschrieben ist, an deren Legalität geglaubt wird.[215] Zum dauerhaften Bestand sozialen Handelns ist der Legalitätsglaube an die Legitimität nötig. Die »legitime Ordnung« als Legalitätsglaube muß von Phänomenen wie Tradition, Sitte oder Brauch unterschieden werden. Als Mittel der Regelmäßigkeit und der Stabilitätsbedingung sozialen Handelns ist sie also entscheidend.

»Handeln, insbesondere soziales Handeln und wiederum insbesondere eine soziale Beziehung, können von seiten der Beteiligten an der Vorstellung vom Bestehen einer legitimen Ordnung orientiert werden. Die Chance, daß dies tatsächlich geschieht, soll 'Geltung' der betreffenden Ordnung heißen.«[216] Eine Ordnung gilt also nach Weber, wenn »das Handeln an angebbaren 'Maximen' (durchschnittlich und annähernd) orientiert wird. »[...], wenn diese tatsächliche Orientierung an jenen Maximen mindestens auch (also in einem praktisch ins Gewicht fallenden Maß) deshalb erfolgt, weil sie als irgendwie für das Handeln geltend -verbindlich oder vorbildlich- angesehen

---

215) S.19, WG.
216) S.16, WG.

werden.«[217] Die legitime Ordnung, die als verbindlich oder vorbildlich angesehen wird, hat eine »innere« und eine »äußere« Komponente:

1. rein innerlich
   a.rein affektuell
   b.wertrational
   c.religiös
2. äußerlich -also eine Ordnung durch Erwartungen spezifischer »äußerer« Folgen heißt:
   a) Konvention, wenn ihre Geltung äußerlich garantiert ist durch die Chance, bei Abweichung innerhalb eines angebbaren Menschenkreises auf eine (relativ) allgemeine und praktisch fühlbare Mißbilligung zu stoßen;
   b) Recht, wenn sie äußerlich garantiert ist durch die Chance [des] (physischen oder psychischen) Zwanges durch ein auf Erzwingung der Innehaltung oder Ahndung der Verletzung gerichtetes Handeln eines eigens darauf eingestellten Stabes von Menschen.[218]

Die legitime Ordnung bezieht sich auf die beiden »inneren« und »äußeren« Komponenten zugleich. In der »'äußerlich' garantierten Ordnung können außerdem auch noch 'innerlich' garantiert sein.«[219]

Wenn durch die legitime Ordnung das Handeln in einem gewissen Umfang programmiert wird, so wird eine »Regelmäßigkeit sozialen Handelns« bewirkt. Wenn eine Ordnung eine »Regelmäßigkeit sozialen Handelns« bewirken will, muß die Ordnung Geltung haben, da das Handeln an der Vorstellung der Legitimität der betreffenden geltenden Ordnung orientiert ist. Die legitime Geltung kann einer Ordnung von den Handelnden zugeschrieben werden:

»a) kraft Tradition: Geltung des immer Gewesenen;

b) kraft affektuellen (insbesondere: emotionalen) Glaubens: Geltung des neu Offenbarten oder des Vorbildlichen;

---

217) S.16, WG.
218) S.17, WG.
219) S.18, WG.

c) kraft wertrationalen Glaubens: Geltung des als absolut gültig Erschlossenen;

d) kraft positiver Satzung, an deren Legalität geglaubt wird. Diese Legalität [d)] kann [den Beteiligten] als legitim gelten

i) kraft Vereinbarung der Interessenten für diese;

ii) kraft Oktroyierung (auf Grund einer als legitim geltenden Herrschaft von Menschen über Menschen) und Fügsamkeit.«[220]

Von diesen vier Typen des Legitimitätsglaubens ist nach Weber der »Legalitätsglaube« die heute »geläufigste Legitimitätsform«: »Die Fügsamkeit gegenüber formal korrekt und in der üblichen Form zustandegekommenen Satzungen.«[221] Die unpersönliche Ordnung des Gesetzes bezeichnet er als »Legalität« kraft positiver Satzung. Die persönliche Ordnung ist die traditionelle Ordnung, kraft Tradition: Geltung des immer Gewesenen, beispielsweise »Herrschaft durch Menschen« im Konfuzianismus. Der »Legalitätsglaube« bildet die Geltungsgrundlage der Institutionalisierung zweckrationalen Handelns nicht an die Person, sondern an die Geltung legaler Satzung. »Die Fügsamkeit gegenüber der Oktroyierung von Ordnung durch Einzelne oder Mehrere setzt, soweit nicht bloße Furcht oder zweckrationale Motive dafür entscheidend sind, sondern Legalitätsvorstellungen bestehen, den Glauben an eine in irgendeinem Sinn legitime Herrschaftsgewalt des oder der Oktroyierenden voraus, wovon daher gesondert zu handeln ist.«[222] Der »Legalitätsglaube« ist die unpersönliche, systematische Ordnung mit Geltung in der rationalen Gesellschaft. Die Geltung, die Chance der Orientierung des Handelns, ist garantiert durch die gesetzte Rechtsordnung. Es versteht sich, daß »die Durchsetzung der Geltung einer Ordnung faktisch im Einzelfall durch die allermannigfachsten Motive bedingt sein kann: Als garantiertes 'Recht' wollen wir sie aber nur da bezeichnen, wo die Chance besteht, es werde gegeben-

220) S.19, WG.
221) S.19, WG.
222) S.20, WG.

falls 'um ihrer selbst willen' Zwang, 'Rechtszwang' eintreten«[223]. Das »Recht« ist also eine »'Ordnung' mit gewissen spezifischen Garantien für die Chance ihrer empirischen Geltung.«[224] Unter »garantiertem objektiven Recht« wird die Chance der empirischen Geltung verstanden. Das »garantierte objektive Recht« stellt die Zwangsmittel, die »psychischer oder physischer Art, direkt oder indirekt wirken [können], sich im Einzelfall gegen die an der Einverständnisgemeinschaft oder Vergesellschaftung, dem Verband oder der Anstalt, für welche die Ordnung (empirisch) gilt, Beteiligten oder auch nach außen richten.«[225]

Max Weber sieht ein Merkmal der rationalen Gesellschaft in der Existenz einer legitimen Ordnung, die jedem oktroyiert wird. Die gesellschaftliche Rationalisierung ist das Gebilde der Institutionalisierung zweckrationalen Handelns, das nicht mehr auf Tradition, persönlicher Pietät und Loyalität beruht, sondern auf gesetzten, d.h. bewußt geschaffenen und jederzeit abänderbaren unpersönlichen Regeln, die »wie eine technisch rationale Maschine«[226] funktionieren. Der dauerhafte Bestand der Institutionalisierung zweckrationalen Handelns ist jedoch nicht nur in der Ordnung und deren Geltung fundiert, sondern auch im Legitimitäts-Glauben der Ordnung. Legitimität bezeichnet Weber als die innere Rechtfertigung[227], das Einverständnis, welches »überall da, wo nicht nackte Furcht vor direkt drohender Gewalt die Fürsamkeit bedingt, in grundlegend wichtiger Art ihren spezifischen Charakter bestimmt.«[228] Unter dem »Legitimitätsglauben« untersucht er faktisch vorfindbare Formen der inneren Anerkennung einer Gesellschaftsordnung seitens der Gesellschaftsmitglieder als vorbildlich und »gelten-sollend«, damit ihr Han-

---

223) S.182, WG.
224) S.182, WG.
225) S.182, WG.
226) S.469, WG.
227) S.507, PS.
228) S.470, WL.

deln daran orientiert ist. Die inneren Rechtfertigungen und das Einverständnis gründen sich auf der intersubjektiven Anerkennung legitimer Normen. Die Legitimität verweist zwar notwendig über den bloßen Konsens hinaus auf objektiv geltende Werte, aber diese Geltung verbleibt für die Wissenschaft im Bereich der Subjektivität. Die Legitimierung kraft »Legalität«, und zwar »kraft des Glaubens an die Geltung legaler Satzung und der durch rational geschaffene Regeln begründeten sachlichen 'Kompetenz', also der Einstellung auf Gehorsam in der Erfüllung satzungsmäßiger Pflichten«[229], ist ein wesentliches Merkmal für die Orientierung zweckrationalen Handelns. Diese Legitimitätstypen Webers sind kein dogmatisches Gebäude zur Rechtfertigung der Macht, sondern sie geben die empirisch möglichen Geltungsgründe an. Geltungsgünde liegen dann vor, wenn sich das zweckrationale Handeln an der Vorstellung am Bestehen einer legitimen Ordnung orientiert. Die Legitimitätsgeltung kraft Legalität soll nach Weber rationalen Charakter haben, und auf dem Glauben an die Legalität gesetzter Ordnungen basieren. Die legitime Ordnung als Bestimmungsgrund sozialen Handelns ist also eine Grundlage für die Entstehung der gesellschaftlichen Rationalisierung.

2. Das ostasiatische Handeln und die ostasiatischen Ordnungen

Ostasien befindet sich seit dem Ende des Zweiten Weltkrieges in einem Prozeß tiefgreifender politischer, wirtschaftlicher und sozialer Transformationen. Es fehlten wesentliche positive Merkmale der gesellschaftlichen Rationalisierung, beispielsweise das

229) S.507, PS.

Merkmal des modernen Staates. Weber beschreibt, daß »allen asiatischen Staatslehren eine der aristotelischen gleichartige Systematik und die rationalen Begriffe überhaupt [fehlt].«[230] Bis zur Modernisierung bis zum Ende des 19. Jahrhunderts kann man die Gesellschaft Ostasiens als eine traditionelle Gesellschaft bezeichnen, die stark vom Konfuzianismus beherrscht wurde. Nach Weber ist eine Gesellschaft immer dann »traditional«, »wenn sich ihre Legitimität stützt und geglaubt wird auf Grund der Heiligkeit altüberkommener ('von jeher bestehender') Ordnungen und Herrengewalten.«[231] »Traditional« heißt, »die seelische Eingestelltheit auf und der Glaube an das alltäglich Gewohnte als unverbrüchliche Norm für das Handeln.«[232] Die Basis der ostasiatischen Tradition war die Hausgemeinschaft. Durch die Hausgemeinschaft ist das Menschenbild des traditionellen Ostasiens geprägt, weil der konfuzianische Staat stufenweise entwickelt worden ist vom Individuum zur Familie, von der Familie zum Staat, mit dem Schwergewicht der Entwicklung auf der ethisch-moralischen Ausbildung der Hausgemeinschaft. Weber sieht in der Hausgemeinschaft eine der »undifferenzierten Lebensformen, welche die Gemeinschaft vorschreibt, immer schwerer und begehrt zunehmend, sein Leben individuell zu gestalten und den Ertrag seiner individuellen Fähigkeiten nach Belieben zu genießen.«[233] Von dieser Hausgemeinschaft aus entwickelte sich nicht nur das ostasiatische Menschenbild, sondern auch der traditionelle Ordnungstypus, und zwar der typische ostasiatische Patriarchalismus, der im traditionellen Ostasien die bestehende Strukturprinzipordnung war. In erster Linie galten die Autorität des Vaters, die Pietätpflicht des Kindes gegenüber den Eltern und gegenüber seiner Sippe sowie die des Untertanen gegenüber dem Herrn. Hier gab es kein Subjekt, sondern nur gesellschaftliche und staatliche Strukturprinzipienordnungen: Pa-

230) S.2, RS I.
231) S.130, WG.
232) S.269, RS I.
233) S.226, WG.

triarchialismus und Familialismus, die das menschliche Handeln geleitet haben. Konfuzianischer Patriarchalismus ist in der Gesellschaft die Gefolgschaft unter der Autorität des Vaters und des Vorsitzenden. Der Familialismus ist die Zusammengehörigkeit der Familien- und Gesellschaftsmitglieder. In dieser konfuzianischen Tradition konnte sich der Individualismus nicht entwickeln. Das Individuum existierte nur als ein Mitglied der Familie, der Gemeinschaft und des Staates. Darum gab es in Ostasien kein soziales Handeln. Statt des sozialen Handelns gab es »Ligaturen«-Handeln als menschliches Handeln. Obwohl es kein soziales Handeln darstellt, spielt es eine wichtige Rolle bei der Rationalisierung der ostasiatischen Gesellschaft im Kollektiv. Das »Ligaturen«-Handeln als menschliches Handeln war deshalb wichtig im traditionellen Ostasien, weil die gesellschaftliche, politische Ordnung im Konfuzianismus nicht nur durch die staatlichen Institutionen, sondern auch durch »Ligaturen« zu einer Stabilisierung führte. In dieser ostasiatischen Tradition ist das subjektive Handeln faktisch nicht durchgeführt worden. In Ostasien existierte nur das »Ligaturen«-Handeln, das die harmonischen Beziehungen zwischen gesellschaftlichen Mitgliedern unterstreicht und das sich mit dem individuellen Tatbestand der ostasiatischen Rationalisierung schwer vereinbaren läßt. Das »Ligaturen«-Handeln blieb auch noch nach der Industrialisierung erhalten. Die traditionellen Ordnungen waren nicht nur der Patriarchalismus und Familialismus, sondern auch unter der ostasiatischen Bürokratie subsumiert sich das menschliche Handeln.

(1) Das »Ligaturen«-Handeln als menschliches Handeln

Es gibt eine Besonderheit der ostasiatischen Tradition, die im Okzident schwer zu finden ist. Im Konfuzianismus entstand zwar kein Rechtssystem wie im Okzident, jedoch entstanden die großen Denksysteme als Methoden der Selbstkultivierung und der Reflexion über die Einbindung des Einzelmenschen in die Ordnung der Gemeinschaft. Die Einbindung des Einzelmenschen in die Gemeinschaft wird oft als »asiatische Werte«[234] oder als »Korporativität«[235] bezeichnet. Die Rolle der »asiatischen Werte« in der ostasiatischen Gesellschaft ist seit einigen Jahren umstritten. Hier wird »anders als im für westlich geltenden Individualismus [...] die Einbindung des Individuums in das Kollektiv betont.«[236] Diese »asiatischen Werte« entstanden unter der konfuzianischen Ethik. Unter ihr führte man ein anderes Lebensprinzip. Ich wähle Ralf Dahrendorfs Wort »Ligaturen« zur Kennzeichnung des traditionellen kollektivistischen Handelns in Ostasien. Er hat zur Analyse der Lebenswahrscheinlichkeit zwei Elemente als Bestandteile sozialer Rollen liefert: die »Optionen« und »Ligaturen«. »Optionen« sind »in sozialen Strukturen gegebene Wahlmöglichkeiten, Alternativen des Handelns. Sie sind es, die wir meinen, wenn wir von Gelegenheiten sprechen, von Richtungen, in die der einzelne kraft seiner sozialen Positionen gehen kann. [...] Optionen sind also strukturelle Wahlmöglichkeiten, denen als Aktionen individuelle Wahlentscheidungen entsprechen. [...] Ligaturen sind Zugehörigkeiten; man könnte sie auch Bindungen nennen. Wiederum geht es um strukturell vorgezeichnete Felder menschlichen Handelns. Der einzelne wird kraft seiner sozialen Position und

234) S.5f, Senghaas 1995.
235) S.504, Weggel 1990.
236) S.5, Senghaas 1995.

Rolle in Bindungen oder Ligaturen hineingestellt. Diese sind für ihn oft mit emotionalen Gewichten geladen, was schon in den Bezeichnungen deutlich wird: die Ahnen, die Heimat, die Gemeinde, die Kirche. Vom Standpunkt des einzelnen stellen sich Ligaturen als Bezüge dar. Sie geben dem Ort, den er innehat, Bedeutung. Überhaupt kennzeichnen Ligaturen das Element des Sinns und der Verankerung, während Optionen das Ziel und den Horizont des Handelns betonen. Ligaturen stiften Bezüge und damit die Fundamente des Handelns; Optionen verlangen Wahlentscheidungen und sind damit offen in die Zukunft.«[237)]

Im Konfuzianismus gilt die Familie als Grundlage der Gesellschaft und als eine Zelle des Staates. Das Menschenbild des Familialismus ist stark auf die Hausgemeinschaft bezogen. Die Hausgemeinschaft ist eine »Wirtschafts-, Autorität- bzw. Solidargemeinschaft. Als Wirtschaftsgemeinschaft ist sie Konsumtions- und Produktionsgemeinschaft, als Autoritäts- bzw. Solidargemeinschaft gehorcht sie den Grundsätzen des Dualismus von Binnen- und Außenmoral und im Binnenverhältnis dem Grundsatz der einfachen Reziprozität.«[238)] Das Handeln im Verhältnis zwischen den ostasiatischen Familienmitgliedern ist das konfuzianische »Ligaturen«-Handeln. Der Mensch wird in ein vielfältiges System von Familienbeziehungen eingebunden, wie Löwith beschreibt: »Japaner und Chinesen sind nicht in erster Linie für sich existierende 'Individuen', sondern Mitmenschen, mit Vorfahren und Nachkommen, Söhne und Väter, Erzeugte und Zeugende innerhalb der Ahnenreihe eines Familienstamms. Sie predigen nicht, aber sie praktizieren auf Grund einer tief verwurzelten Moral der Solidarität das stellvertretende Leiden und sie opfern sich daher leichten Herzens, sei es im Krieg oder auch in den bürgerlichen Verhältnissen.«[239)] Innerhalb der Familie werden alle mit den gesellschaftlichen Tugenden erzogen. Der

---

237) S.50f, Dahrendorf 1979.
238) S.106, Schluchter 1979.
239) S.9, Löwith 1966.

Konfuzianismus hat den Menschen einen guten Boden unter dem Familiensystem gegeben. Die ostasiatische Gesellschaft steht auf dem Boden der »Ligaturen« zwischen Familienmitgliedern und Nachbarn, weiterhin auf der Gesellschaftsebene. Das »Ligaturen«-Handeln war die *unsichtbare Hand* der konfuzianischen Gesellschaftsregulierung, die die Gesellschaft ohne praktiziertes Recht gut im Griff hatte.

Man findet in der Wirtschaft und in den Staaten Ostasiens konsequent familienähnliche Strukturen, das heißt dominantes »Ligaturen«-Handeln als allgegenwärtiges Prinzip im industrialisierten Ostasien. Park schildert das angewendete familiäre Handeln in der koreanischen Industriegesellschaft so: »In Korea wird das Unternehmen oft als eine große Familie betrachtet, wobei die Beziehung zwischen den Organisationsmitgliedern wie in der großen Familie sein sollte. Schon bei der Anwerbung von Berufsanfängern für das Unternehmen wird auf die Mitgliedschaft der potentiellen Mitarbeiter in der großen Familie hingewiesen. Auch der Name der Betriebszeitschrift, z.B. 'ABC Familie', weist auf den familiären Charakter des Unternehmens hin. Darüber hinaus gilt in koreanischen Unternehmen gewissermaßen das ungeschriebene Gesetz, daß man sich wie ein Mitglied in einer - mehr oder weniger - blutsverwandten Familie verhalten soll: d.h. im Unternehmen ist der Arbeitgeber der Patriarch, der Vorgesetzte der ältere Bruder, der Untergebene der jüngere Bruder und der Kollege der Freund.«[240] Nakane bestätigt auch das familiäre Handeln in der Industriegesellschaft Japans: »Interessanterweise sind diese Beziehungen -Japaner nennen sie oyako ('Eltern-Kind')- zwischen modernen Industrieunternehmen strukturell identisch mit jenen zwischen traditionellen landwirtschaftlichen Haushalten im ländlichen Japan, die auf einem Grundherr-Pächter-Verhältnis beruhen. Es scheint also, daß die Grundstruktur der japanischen Gesellschaft auf einem Organisationsprizip beruht, das den Eltern-Kind-Be-

240) S.121, Kyung-Kyu Park 1983.

ziehungen entspricht. Dieses Prinzip findet sich bei fast allen japanischen Institutionen: Eine Spitzenuniversität beispielsweise bindet eine Anzahl kleinerer Universitäten und Colleges am Ort an sich, die sie mit ihren Graduierten als Lehrpersonal versorgt.«[241] Innerhalb der Familie haben alle Beziehungen etwas Natürliches, da sie schon als durch die Bande des Blutes gefestigt gelten. In dem fest gegliederten familialen Organismus ist jedem Individuum seine bestimmte Stelle zugewiesen. Aus dieser Sicht besteht die konfuzianische Gesellschaft nicht aus dem Individuum, sondern aus einer Konfiguration von privaten und öffentlichen Lebensbereichen mit einem Komplex untereinander verflochtener Beziehungen. Zwar entstanden in der konfuzianischen Kultur die Denksysteme als Methoden der Selbstkultivierung und der Reflexion über die Einbindung des Einzelmenschen in die Ordnung der Gemeinschaft, aber in Ostasien gab es keine Philosophie, die das gut ausgebildete Individuum gegeneinander und miteinander tragen konnte. Die ostasiatischen Menschen sind in der Mitgliedschaft untereinander verschmolzen. Das konfuzianische Menschenbild basiert auf einem holistischen Weltbild. Darum sollte man sich im Konfuzianismus an die Tradition oder an Gruppen anpassen. In der Tat ist man auf »Ligaturen«, Zugehörigkeit oder Einbindungen angewiesen. Eberhard hat die Tradition des holistischen Weltbildes in China zusammenfassend so wiedergegeben: »1. Die Chinesen haben nie den Begriff der Gleichheit der Menschen gehabt. Kein einziger Mensch ist einem anderen gleich: Er ist entweder älter oder jünger, höher in der Sozialordnung oder niedriger, männlich oder weiblich. Die Person, die niedriger steht, muß sich auf die höhere einstellen und versuchen heraus-

---

241) S.132, Nakane. Das »Ligaturen«-Handeln spielt in allen ostasiatischen Industriegesellschaft noch eine Rolle. O.Weggel schreibt auch am japanischen Beispiel: »Während Staat, Unternehmen ('Kapital') und Gewerkschaften in den anglo-amerikanischen Gesellschaften oft weit auseinanderdriften (man denke an die Dauerkonflikte zwischen Konzernen, Regierungen und Trade Unions in Großbritannien), zeigen sich in Japan so gut wie keine Reibungsverluste.« (S.504, Weggel 1990)

zufinden, was diese Person gern hören will. Die höhere Person soll gutherzig sein und anständig handeln. Wenn sie nicht ihre Pflicht in diesem Rahmen tut, verliert sie auf die Dauer ihre Vorrechte. Wir sehen, daß dies sich bis heute noch nicht geändert hat. Der Begriff 'Individuum' ist erst durch den Westen eingeführt worden, und aus den wenigsten chinesischen Biographien können wir die Individualität einer Person ersehen, obwohl, von uns aus gesehen, jeder Chinese viele inviduelle Züge hatte und hat. Aber diese aufzuführen in einer Biographie wäre sehr schwierig, denn man müßte in jedem Fall zeigen, wie im Moment der Aktion die Zeit und die Situation war, die eine individuelle Reaktion oder Handlung hervorrief.
2. [...] Der Chinese lebt bis heute noch in drei Kreisen: (a) Familie. In der Familie findet der einzelne die Sicherheit, die jeder Mensch braucht, um leben zu können, (b) in der (Dorf-) Gemeinde oder der Teil einer Stadt, in der die Famile lebt und Angehörige hat, (c) im Staat, der viel vom einzelnen verlangt, aber zu fern ist, als daß man sich auf ihn verlassen kann. Wie weit sich das inzwischen verändert hat, ist unmöglich zu sagen.«[242]
Die Herausbildung der ostasiatischen »Ligaturen«, »asiatischen Werte« oder der »Korporativität« geschah und geschieht in aller Regel keinesfalls in Reaktion auf den europäisch-westlichen Modernisierungsprozeß. Senghaas meint, »kollektivistische Ideale wurden und werden thematisiert und politisch instrumentalisiert, um über entsprechende Anstrengungen Anschluß an [...] der Moderne zu finden.«[243] Im Gegenteil: »Ligaturen«-Handeln war schon lange vorher etabliert. Es scheint, daß Senghaas im Verstehen der »asiatischen Werte« die konfuzianische Ethik nicht in Betracht gezogen hat, weil er die »asiatischen Werte« mit Begriffen wie »Entwicklungsdiktatur«, »Autoritätsfixierung«, »Paternalismus« usw. identifizieren wollte, trotz seiner treffenden Definition der »asiatischen

242) S.30f, Eberhard 1984.
243) S.7, Senghaas 1995.

Werte.«[244]) »Ligaturen« oder »asiatische Werte« sind nicht nur »Klassensolidarität, Korporatismus und Nationalismus«, die überall in der Welt vorzufinden sind, sondern von der konfuzianischen Ethik anerzogene, zwischenmenschliche Einbindungen. »Ligaturen« oder »asiatische Werte« sind nicht »Pflichtenorientierung, Autoritätsfixierung und Arbeitsbeflissenheit«, sondern die zwischenmenschliche Einbindung, besonders in der »Familien- und Gruppenbezogenheit.«[245]) »Ligaturen« können eine bestimmte Rolle in der Zukunft spielen und andere Entwicklungschancen zur gesellschaftlichen Rationalisierung bieten, so Ulrich: »Indem nämlich in Japan eine scharfe institutionelle Trennung zwischen Wirtschaft und Staat, das heißt zwischen (formal) privatautonomem Bereich und politischer Kommunikationsöffentlichkeit, nie durchgesetzt worden und die kulturspezifische Sensibilität für die vorrangige Bedeutung der normativen Sozialintegration gegenüber allen Mechanismen funktionaler Systemintegration weitgehend bis heute erhalten geblieben ist, könnte dort eine kommunikative Rationalisierung des Wirtschaftssystems unter Umständen sogar leichter fallen als im Westen. In diese Richtung deuten heute immerhin japanische Führungsmethoden in der Wirtschaft, die im Vergleich zu westlichen Managementkonzepten weniger eindimensional sozial-technologisch und deutlich mehr auf argumentative Konsensfindung ausgerichtet sind.«[246]) Das »Ligaturen«-Handeln ist menschliches Handeln, nicht individualistisches, sondern kollektivistisches.

---

244) S.5, Senghaas 1995.
245) Vgl. S.11, Senghaas 1995.
246) S.127, Ulrich 1987.

(2) Die Ordnungen im traditionellen Ostasien

Die traditionelle legitime Ordnung in Ostasien war nicht die Rechtsordnung, sondern die »Li«-Ordnung, die auf dem Patriarchalismus und Familialismus aufbaute. In Ostasien war nicht nur die »Li«-Ordnung, sondern auch die ostasiatische Bürokratie eine Ordnung, die dem menschlichen Handeln einen Bestimmungsgrund gab. Bürokratie ist eigentlich eine Kennzeichnung von Verfahrensweisen der öffentlichen Verwaltung. Die ostasiatische Bürokratie war keine Bürokratie mit den Merkmalen der Bürokratie im Weberschen Sinne. Die bürokratische Strukturmerkmale wird von Weber als eine »entpersonalisierte Struktur« betrachtet. Die ostasiatische Bürokratie war aber keine »entpersonalisierte Struktur«, sondern ein personalisiertes Verwaltungsmittel, jedoch bezeichne ich sie als eine legitime Ordnung, weil die Verfahrensweise der ostasiatischen Bürokratie unter dem Patriarchalismus und der »Li«-Ordnung stand.

a) Patriarchalismus und Familialismus als Bestimmungsgründe für menschliches Handeln in Ostasien

Im Konfuzianismus gab es die »Li«-Ordnung, die das menschliche Handeln bewußt führte. Es entwickelte sich im Konfuzianismus kein praktiziertes Rechtssystem. Es gab dort also keine Rechtsordnung als einen »Komplex vom faktischen Bestimmungsgrund realen menschlichen Handelns«. Daher spielte im traditionellen Ostasien die »Li«-Ordnung als gesellschaftlich gültige (legitimierte) Ordnung eine große Rolle. Im Okzident und in Ostasien entstand eine unterschiedliche Herrschaftsstruktur. Die ostasiatische Herrschaft war eine alltägliche und persönliche Herrschaft. Die Herrschaftsordnung basierte auf dem »Li«, das aus dem Patriarchalismus und der Hausgemeinschaft heraus entstanden war. Die Ordnung des »Li« ist faktisch gleichbedeutend mit dem Patriarchialismus und dem Familialismus. Der Patriarchalismus entstand aus der familialen Gesellschaft. Bis hinein ins 20. Jahrhundert, teilsweise bis in die Gegenwart, war die ostasiatische Familie stets »patrilinear, patrilokal und patriarchalisch.« »Patrilinear bedeutet, daß nach dem Tode des Vaters sein Eigentum an die Söhne fällt. Patrilokal bedeutet, daß die Ehefrau in die Familie des Mannes einheiratet, d.h. sie zieht in das Haus des Vaters ihres Mannes um. Patriarchalisch bedeutet, daß der Vater der Familie bestimmt, was geschieht und wie es geschieht.«[247] »Patrilinear« und »patrilokal« haben für die gesellschaftliche Ordnung keine Bedeutung, jedoch der »Patriarchalismus«. Patriarchalismus und Familialismus gibt es am Anfang eines jeden Volkes, jedoch sind in Ostasien Patriarchialismus und Familialismus durch den Konfuzianismus zu einer festen gesellschaftlichen Ordnung geworden.

Patriarchalismus und Familialismus entwickelten sich zu einer gesellschaftlichen Ordnung, die das menschliche Handeln bestimmt. Da es in Ostasien keine legitime Rechtsordnung gab, entwickelten sich Patriarchalismus und Familialismus zu einer gesellschaftlichen Ordnung. Wenn das Gesellschaftssystem von ihnen ausdifferenziert werden sollte, wäre ein transzendenter Glauben wie im Okzident nötig gewesen. Ohne den transzendenten Glauben konnte ein praktizierendes Recht nicht geschaffen werden. Weber macht dies deutlich: »Recht und Verwaltungsprinzipien durch Satzung absichtvoll neu zu 'schaffen', ist bei reinem Typus der traditionalen Herrschaft unmöglich. Tatsächliche Neuschöpfungen können sich also nur als von jeher

---

247) S.83, Eberhard 1983.

geltend und nur durch 'Weistum' erkannt legitimieren.«[248] Daß die konfuzianische Gesellschaft auf dem Patriarchalismus und der Hausgemeinschaft aufbaute, nach dem Kollektivismus, dem »Ligaturen«-Handeln bzw. der »Brüderlichkeit« strukturiert wurde und sich von selbst aus nicht in Richtung einer rationalen Gesellschaft entwickeln konnte, führe ich auf den unterschiedlichen Glauben des Okzidents und der Ostasiaten zurück. Es gab im Konfuzianismus keine Dichotomie zwischen Gott und der Welt. Weber verweist richtig darauf, daß es in der konfuzianischen Tradition keine »Propheten« gegeben habe und daß der Konfuzianismus »an sich von jedem metaphysischen Interesse in sehr hohem Grade frei«[249] gewesen sei. Das kann man darauf zurückführen, daß der Konfuzianismus als kulturelle Orientierung grundsätzlich eine reine Intellektuellenethik war. Da der Konfuzianismus keine transzendente Verankerung und lange Zeit auch keine Dichotomie zwischen Gott und Welt vorsah, konnte man sich in Ostasien einen sinnhaften, normativen Weltbild-Entwurf nicht vorstellen. Der ostasiatische Gott ist der *Himmel*. Ostasien hatte, wie der antike Okzident, zahlreiche Götter. Primär haben jedoch nur zwei Götter das konfuzianische Leben beeinflußt: Die *Ahnen* und der *Himmel*. Die »Ahnen« waren eine »staatlich vorgeschriebene 'Laienreligion'«[250], die einen privaten oder familialen Gott darstellte. Der »Himmel« hingegen war ein *öffentlicher* Gott. Der Ahnenkult spielte die Hauptrolle im menschlichen Handeln in Ostasien. Die »Ahnen« stehen in einer Vater-Sohn-Beziehung, die nur durch das Gefolgschaftsprinzip bestimmt ist. Infolgedessen hat beispielsweise auch niemand Angst vor den Ahnen, z.B. wegen öffentlicher Vergehen. Der »Himmel« dagegen bedeutet in Ostasien Gerechtigkeit, Vernunft, Kontinuität und Legitimität der Gesellschaftsordnung. Jeder, der öffentliche Vergehen und Ungerechtigkeit begeht, hat Angst vor dem Himmel. Es besteht jedoch *keine* Dichotomie zwischen

---

248) S.131, WG.
249) S. 443, RS I.
250) S.431, RS I.

dem Himmel und der Welt. Der »Himmel« als Gott war im alten China ursprünglich als Begründungsvater der »Shang«-Dynastie dargestellt worden. Daher wurde er in der Anfangsphase wie ein Familienvater in die Familien integriert, wie auch Bauer schreibt: »Ein recht bezeichnendes und wichtiges Beispiel hierfür ist das Wort 't'ien' 'Himmel', das ursprünglich offensichtlich den Urvater der Shang-Herrscher darstellte. Das alte Schriftzeichen zeigt noch deutlich eine menschliche Figur mit großen Kopf und betont kräftigen Gliedmaßen.«[251] Dieser ostasiatische Gott ist im Laufe der Zeit in seinem personalen Charakter verlorengegangen. Trotzdem gab es keine hohe Spannung zwischen dem »Himmel« und der »Welt«, wie etwa im Okzident zwischen »Gott« und der »Welt«. Im Konfuzianismus wurde deshalb niemals geglaubt, daß »die gesellschaftlichen und/oder politischen Ordnungen von einer Gottheit gestiftet und daher unveränderlich seien«[252]. Darum konnte man sich in Ostasien »irgendwelche Spannung zwischen Natur und Gottheit, ethischen Anforderungen und menschlicher Unzulänglichkeit, Sündenbewußtsein und Erlösungsbedürfnis, diesseitigen Taten und jenseitiger Vergeltung, religiöser Pflicht und politisch-sozialen Realitäten«[253]

---

251) S.42, Bauer 1974. Auch hier Eberhard: »Das Symbol für den Begriff >t'ien< zeigt eine menschliche Gestalt, so daß man >t'ien< als eine im Himmel lebende Person auffaßte. Der chinesische Kaiser nannte sich bis zum Jahre 1911 'Sohn des Himmels'.« (S.62, Eberhard 1983)

252) S.73, Eberhard 1983. Max Weber plädiert stets für die zur Rationalisierung notwendige rationale Prophetie zur Rationalisierung: »Die Magie zu brechen und Rationalisierung der Lebensführung durchzusetzen, hat es zu allen Zeiten nur ein Mittel gegeben: große rationale Prophetien. Nicht jede Prophetie allerdings zerstört die Macht der Magie; aber es ist möglich, daß ein Prophet, der sich durch Wunder und andere Mittel legitimiert, die überkommenen heiligen Ordnungen durchbricht. Prophetien haben die Entzauberung der Welt herbeigeführt und damit auch die Grundlage für unsere moderne Wissenschaft, die Technik und den Kapitalismus geschaffen. In China fehlte eine eingeborene Prophetie. Wenn überhaupt, so kamen die Prophetien von auswärts, wie auch Laotse und der Taoismus.« (S.367, PE I)

253) S.522, RS I. Ich stimme diesen Satz zu. Aber in einem Punkt möchte ich mich von Max Weber distanzieren und zwar

schwer vorstellen. Die Spannung zwischen »diesseitigen Taten und jenseitiger Vergeltung« wurde später durch die Beeinflussung des Buddhismus geschaffen, jedoch ist sie nicht vergleichbar mit dem okzidentalen Glauben.[254)] Wegen des abwesenden transzendenten Gottes fehlt es in Ostasien, wie Weber behauptet, an der philosophischen Metaphysik im okzidentalen Sinne. Wo keine Dichotomie zwischen »Welt« und »Gott« entsteht, konnte die »charismatische Rechtsoffenbarung«[255)] nicht oktroyiert werden. Darum konnte man sich in Ostasien weder die Funktion des gesetzten Rechts noch das formale Recht vorstellen. In Ostasien war der kulturelle Hintergrund zur Rechtsentwicklung und zur Rechtsrationalisierung von Anfang an versperrt. Hier war die gesellschaftliche Ordnung auf den Patriarchialismus der Gesellschaft und auf die Zusammengehörigkeit der Familie angewiesen. Es entstand eine ungewöhnliche Distanz zum kulturellen Hintergrund des China der »Legalisten«. Der Legalismus bot zwar »die günstigste Kombination von Zwangs(gewalt) mit der Vorhersehbarkeit.«[256)] Die »Legalisten« entwickelten sich jedoch anders als im Okzident: »Zur Legitimation des neuen Herrschaftsmittels der Gesetzgebung standen den Legalisten keine historischen Vorbilder zur Verfügung, wie sie die Fürsten der europäischen Renaissance in der römischen Kaiseridee fanden. Auch fehlten in der chinesischen Geschichte und Legende charismatische Rechtsoffenbarungen oder ein Gesetzgeber-Heros, und in den religiösen Vorstellungen der Chou gab es keinen Schöpfergott, der Gesetze gab, und keine 'Rechtspropheten'.

---

fehlt es nicht in Ostasien an der Spannung zwischen »ethischen Anforderungen und menschlicher Unzulänglichkeit«. Im alltäglichen Leben durch die konfuzianischen Ethik entsteht eine große Spannung zwischen den »ethischen Anforderungen und menschlicher Unzulänglichkeit.«

254) Als der Buddhismus nach Ostasien kam, war Konfuzianismus schon etabliert. Darum wurde das soziale Handeln nicht durch den Buddhismus beeinflußt, wie das heutige Christentum die Ostasiaten nicht beeinflußt.

255) S.504, WG.

256) S.185, Trubeck 1984.

Die Legalisten waren auf eigene Überlegungen angewiesen, nachdem sie die traditionelle Ordnung verworfen hatten, die sich als ungenügend für die Lösung neuer Probleme erwiesen hatte. Sie vertrauten allein auf die Richtigkeit der eigenen Vernunft.«[257] Infolgedessen konnte sich das Recht nicht zu einer leitenden Gesellschaftsordnung entwickeln. Daher ist es verständlich, daß Patriarchialismus und Familialismus zur legitimen Ordnung geworden sind. Sie bildeten einen »Komplex von faktischen Bestimmungsgründen realen menschlichen Handelns«.

b) Die ostasiatische Bürokratie als gesellschaftlicher Ordnungsfaktor

Die Ordnung des Patriarchialismus und Familialismus spielt wegen der gesetzlichen Fehlentwicklung eine Rolle in der gesellschaftlichen Ordnung, jedoch nicht nur durch sie, sondern auch unter der ostasiatischen bürokratischen Ordnung ist das menschliche Handeln subsumiert. Bürokratisierung ist ein Merkmal gesellschaftlicher Rationalisierung. Die relativ rationale Funktion der ostasiatischen Gesellschaft wird überwiegend von einer bürokratischen Organisation verursacht. Sie ist eigentlich keine Bürokratie im Sinne Webers, jedoch eine traditionelle Ordnung.

Die Bürokratie besteht ihrem Prinzip nach in der Subsumtion bürokratischen Handelns unter allgemeine Regeln. Im Grundprinzip der modernen Bürokratie kristallisieren sich wesentliche Elemente des Mechanismus eines bürokratischen Gesamtsystems heraus: Legalitäts-Regeln bestimmen die Art der Tätigkeitsfelder. Daraus entwickelt sich eine spezifische Rationalität des Verwaltungshandelns durch die Verrechtlichung von Verhaltensnormen im Hinblick auf ihre formelle Norm-

257) S.138, Bünger 1983.

adäquanz zum gesatzten Recht. Das Vordringen der bürokratischen Struktur begleitet die Gesellschaft in den Prozeß der Säkularisierung, der die moderne Gesellschaft in der Abhebung von der traditionellen Gesellschaft charakterisiert. Die Bürokratisierung ist also, wie Weber schreibt, »das spezifische Mittel, 'Gemeinschaftshandeln' in rational geordnetes 'Gesellschaftshandeln' zu überführen.«[258] Die »Vergemeinschaftung« beruht auf der »subjektiv gefühlten (affektuellen oder traditionalen) Zusammengehörigkeit der Beteiligten.«[259] Das »Gesellschaftshandeln« ist als »Gemeinschaftshandeln« dann und soweit genannt, als es »1. sinnhaft orientert ist an Erwartungen, die gehegt werden auf Grund von Ordnungen, wenn 2. deren 'Satzung' rein zweckrational erfolgt im Hinblick auf das als Folge erwartete Handeln der Vergesellschafteten, und wenn 3. die sinnhafte Orientierung subjektiv zweckrational geschieht.«[260] Der Charakter der Bürokratie ist also zunächst kein rein technisches Instrument, sondern deckt vielmehr die Bedürfnisse der rationalen Gesellschaft. Die bürokratische Verwaltung weist bei Weber ein rationalen Grundcharakter auf. In der Bürokratie erreicht die moderne Gesellschaft die höchste Stufe der funktionellen *Durch*rationalisierung. »Entscheidend ist für uns nur, daß prinzipiell hinter jeder Tat echt bürokratischer Verwaltung ein System rational diskutabler 'Gründe', d.h. entweder: Subsumtion unter Normen, oder: Abwägung von Zwecken und Mittel steht.«[261] Die ostasiatische Bürokratie ist keine Subsumtion unter Normen oder keine Abwägung von Zwecken und Mittel, sondern sie ist meistens eine Dienertreue, persönlich auf den Herrn bezogen und Bestandteil seiner prinzipiell universellen Pietäts- und Treupflicht. Die konfuzianischen Beamte handeln nicht nur nach absoluten persönlichen Pietäts- und Treupflichten, sondern auch bei Beamten entstand jene *innerliche* Kontrolle, die die Erziehung der konfuzia-

---

258) S.569f, WG.
259) S.21, WG.
260) S.442, WL.
261) S.565, WG.

nischen Ethik mit sich bringt. Diese ostasiatische Bürokratie spielt eine große Rolle der legitimen Ordnung in der traditionellen Gesellschaft Ostasiens, unter die das menschliche Handeln subsumiert wird.

Eigentlich ist die bürokratische Struktur ein spätes Entwicklungsprodukt. Ungeachtet ihrer im Vergleich zu der heutigen Bürokratie ganz verschiedenen Funktion entstand die bürokratische Organisation in Ostasien sehr viel früher als im Okzident. Seit ca. 2000 Jahren wird die chinesische Gesellschaft zumeist als »bürokratische Gesellschaft« bezeichnet. Sie hatte zwar eine andere Verfahrensweise als die okzidentale Bürokratie, funktionierte jedoch nach relativ rationalen Regeln. Dreh- und Angelpunkt des gesellschaftlichen Ordnungssystems nach innen bildete die ostasiatische Staatsbürokratie. Seit der »Han«-Dynastie (206 v. Chr.-220 n. Chr.) bildeten sich in China immer deutlicher staatsbürokratische Ordnungsformen heraus, die auf der Einführung einer zentralisierten Verwaltungsstruktur basierten. Sie waren Instrument der kaiserlichen Zentralgewalt, die 221 v. Chr. zum ersten Mal das ganze Land zu einem einheitlichen Reich zusammenschloß und seitdem -mit zeitweiligen Unterbrechungen und häufigen Wechseln der Dynastien- bis 1911 regierte.[262] Weber führt den Ursprung der chinesischen bürokratischen Organisation auf die natürlichen Ursachen zurück, da die »Wasserregulierung, vor allem der Kanalbau -wenigstens in Nord- und Mittelchina, vorwiegend zu Verkehrszwecken- und ungeheure militärische Bauten, möglich natürlich auch hier nur durch Anspannung der Untertanenfronten, Magazine zur Aufspeicherung der Abgaben, aus denen die Beamten ihre Pfründen bezogen und das Heer equipiert und verpflegt wurde.«[263] Weber verknüpft die ursprüngliche Entstehung der Bürokratie mit der Mobilisierung des Volkes. Aber die ostasiatische bürokratische Organisation als gesellschaftliche Ordnung entstand nach der konfuzianischen »Han«-Dynastie, als

262) S.73, Breuer 1984 a.
263) S.608, WG.

sich der Konfuzianismus etablierte. Die ostasiatische Bürokratie als Bestimmungsgrund menschlichen Handelns ist nur ein Nebenprodukt der Herrschaftsverwaltung. Ostasien hat eine lange ostasiatische bürokratische Tradition als Form der Herrschaftsorganisation. Sie war in Ostasien ein Instrument des Zentralismus, eine Macht der Ordnung und Tradition. Der Zentralstaat gewährleistete eine außergewöhnliche Kontinuität und Stabilität der Gesellschaft durch eben diese ostasiatische Bürokratie.

Das bürokratische Verfahren Ostasiens lehnt sich an die grundlegende konfuzianische Lehre an. Das bürokratische Handeln ist ein bedachtes, geplantes Handeln, daß sich bei jedem Akt wie eine echte bürokratische Verwaltung auf rationale Gründe bezieht. Die Verantwortung der Beamten muß sich nach Weber ohne Ansehen der Person auf die Ausführung und Anwendung von Gesetzen und Regeln beschränken. Die ostasiatische Bürokratie verlief indes nicht als Verfahren einer sachlichen Erledigung, »'ohne Ansehen der Person' nach berechenbaren Regeln«. Die Ausschaltung aller Menschlichkeit aus dem bürokratischen Apparat führt schließlich zur Entwicklung eines maschinell ablaufenden Betriebes in allen gesellschaftlichen Bereichen. Die ostasiatische bürokratische Organisation berief sich nicht auf die Ausschaltung aller Menschlichkeit und die strikte Legalität, sondern auf die konfuzianischen gesellschaftlichen Ordnungen zur Ausrichtung des menschlichen Handelns. Weil die ostasiatische bürokratische Organisation aus der Legalität entsprang, kann man kritisieren, daß die Organisation lediglich der verlängerte Arm des Herrschers war, d.h. daß sie material und konkret von den Interessen des Herrschers bzw. von geheiligten Traditionen bestimmt wurde. Das Fortbestehen der ostasiatischen bürokratischen Institutionen hing in der Tat nicht von sachlichen Mitteln, sondern fast ausschließlich von Literaten[264] ab, die durch Staatsprüfungen für den

264) Die wichtigsten bürokratischen, weiterhin staatlichen Eliten Ostasien waren die konfuzianischen Literaten und die

Regierungsdienst bestimmt wurden. Das Patrimonialbeamtentum spielte in der gesellschaftlichen Entwicklung nicht nur eine Rolle bei der Auswahls der Beamten, sondern im konfuzianischen Rationalismus. In China schließlich ist »die Eigenart des konfuzianischen Rationalismus, sein Konventionalismus und seine Rezeption als Grundlage der Erziehung, bedingt durch die bürokratische Rationalisierung des westlichen Patrimonialbeamtentums und das Fehlen feudaler Mächte.«[265] Korea übernahm das Patrimonialbeamtentum in der »Koryo«-Dynastie (918-1391) von China, das sich in der »Yi«-Dynastie (1392-1910) etablierte. Das Patrimonialbeamtentum institutionalisierte sich und

---

Beamtenschaft; diejenigen, die den konfuzianischen Kodex studiert und die Prüfungen bestanden hatten und aus deren Mitte dann die Beamten ernannt wurden. Prüfungen sollten Männer von literarischer Bildung und moralischer Qualität für den Regierungsdienst auslesen, und zwar durch Konkurrenz-Tests in den Klassikern, der schönen Literatur und durch Essays über die Staatskunst. Jeder, der sich Hoffnung auf eine Karriere im Staatsdienst machte, ausgenommen Vorbestrafte, Angehörige von Handwerkersfamilien, Kaufmannsfamilien oder Ausübende von unehrlichen Berufen, konnte sich für das Examen anmelden. Die Examen öffneten der Elite den Weg zur Politik, boten gute Berufschancen und sorgten für ideologische Konformität auf Grundlage der vorgeschriebenen Interpretation der konfuzianischen Klassiker. Die Absolventen der Staatsprüfungen stellten die wichtigsten Verwaltungskräfte für den Staat, die Bewahrer der monarchischen Ordnung, die Wächter über die konfuzianisch aufgefaßte soziale und politische Hierarchie, über Wertsysteme und Konventionen. Damit wurden sie zur herrschenden und einflußreichsten Klasse auf sozialem, politischem und wirtschaftlichen Gebiet, von welcher das ganze Volk Führung und Leitung erwartete. Die Literaten-Schicht besaß Einfluß auf die traditionelle Herrschaft und auf die Bevölkerung und übte im Namen des Ideals einer hierarchischen sozio-politisch-kulturellen Ordnung die konfuzianische Vorbild-Rolle aus.

265) S.678. WG. Entscheidend für die gesellschaftliche Entwicklung war in der Anfangsphase - wegen des Prüfungswesen für die Auswahl des Patrimonialbeamtentums - das Schul- und Ausbildungssystem etabliert, das die später gut entwickelte Geist- und Naturwissenschaft in ihrer Entwicklung förderte. Die heutige erfolgreiche Entwicklung in Ostasien, die wohl bereits im Lernen-Ethos des Konfuzianismus angelegt ist, führe ich trotzdem teilsweise auf die durch das Prüfungssystem hinterlasse Erziehungskultur zurück.

funktionierte wie das chinesische System. Anderes als in China und Korea machte sich Japan auf der institutionellen Ebene kein Patrimonialbeamtentum zu eigen, obwohl der Konfuzianismus auch dort traditionell in der Erziehung und als Staatsideologie eine große Rolle gespielt hat.[266] Das Verwaltungssystem in Japan funktionierte unter einer Militäraristokratie. Dieses System wurde seit der »Tokugawa«-Zeit (1603-1867) »baku«-»han«-System[267] genannt. Das Regierungssystem basiert hier auf den dynamischen Spannungen zwischen dem »Shogunat (bakufu)« und etwa 250 »Daimyaten (han)« -Das »Shogunat« auf nationaler Regierung und die »Daimyo«-Herrschaft auf lokaler Ebene. Trotz des unterschiedlichen Verwaltungssystems Japans zu Chinas und Koreas war das Machtprinzip, das dem System zugrunde lag, besonders in der Beziehung zwischen »Shogun« und »Daimyo« patriarchalisch. Außderdem waren »die Ämter erblich, so daß eine Familie, die einmal eine hohe Position erreicht hatte, leicht eine Monopolstellung erwerben konnte. Angesichts dieses völligen Fehlens aller Einrichtungen, die in China die Bildung eines Amtsadels mit einer Tendenz zur privaten Appropriation der Verwaltungsmittel verhinderten, überrascht es nicht, daß die Zentralverwaltung in Japan schon bald an Durchsetzungsfähigkeit verlor und eine 'Rückkehr zur familialen Autorität' stattfand.«[268] Es zeigt sich also, daß in den unteren Verwaltungsbereichen, in den Bezirken, die unmittelbar der Gerichtsbarkeit des »Shogun« oder eines »Daimyo« unterstanden, die Amtsgewalt mehr und mehr in den Händen des konfuzianischen Patriarchalismus lag. Die ostasiatische Bürokratie schränkt den Handlungspielraum der Menschen durch den Konfuzianismus ein und ist eine eigentlich legitime gesellschaftliche Ordnung, an die sich das menschliche Handeln richtet.

---

266) S.117, Breuer 1984 b.
267) S.121, Breuer 1984 b.
268) S.117, Breuer 1984 b.

Im Zuge des Wachstums änderte sich das ostasiatische bürokratische Regierungssystem bezüglich der Bevölkerung und Wirtschaft laufend. Doch blieben die grundlegenden Regierungsprinzipien relativ stabil. Die konfuzianische bürokratische Organisation war kontinuierlich und stabil, weil sie nicht so sehr aus einem unbegrenzten Manipulationsspielraum des Verwaltungsstabs gegenüber dem Herrn und den Beherrschten resultiert, sondern eher Folge einer alle Spontaneität untergrabenden pragmatischen Ethik der Weltanpassung ist.[269] Die ostasiatische Bürokratie bestand nicht nur in der pragmatischen Ethik der Weltanpassung, sondern bot auch dem konfuzianischen bürokratischen System einen sicheren Schutz für eine stetige Weiterentwicklung und Verfeinerung der konfuzianisch-humanistischen Philosophie. Noch wichtiger ist, daß sie eine Richtschnur menschlichen Handelns liefert. Es gibt auch eine Anzahl von Regierungsprinzipien, die sowohl auf ideologischer wie auf operationaler Ebene grundlegend für die bürokratischen Institutionen sind. Zu diesen Prinzipien gehört die Synthese zwischen der konfuzianischen Lehre und der »legalistischen« Gesetzlichkeit. Trotz der wichtigsten Standespflicht des Beamten ist die Rolle der ostasiatischen Bürokratie eigentlich nicht bei der Befolgung eines Amtsreglements als erfüllt angesehen, sondern beim Besitz der typischen patrimonialen Tugend. Dieser Punkt kennzeichnet die ostasiatische Bürokratie als eine wichtige Gesellschaftsordnung, die das menschliche Handeln führt.

269) S.86, Schluchter 1985, Vgl. auch S.271, Eisenstadt 1970.

3. Die gesellschaftliche Rationalisierung in Ostasien

Wenn man sich die ostasiatische Tradition genauer ansieht, wird man erkennen können, daß die ostasiatische Gesellschaft zwar nicht rational, aber auch keine radikal traditionelle Gesellschaft ist. An dieser Stelle möchte ich darauf eingehen, wie sich die gesellschaftliche Rationalisierung Ostasiens im Vergleich zu Webers Rationalisierungskonzept, als eine eigene Rationalisierung vollzog.

(1) Modernisierung als Rationalisierung

Seit der Mitte des 19. Jahrhunderts hatte Ostasien regen Kontakt zum Okzident. Als die Europäer in der zweiten Hälfte des 19. Jahrhunderts unter dem Zeichen des sogenannten »Merkantilismus« nach Ostasien kamen, fühlte sich Ostasien ernsthaft bedroht. Die gesellschaftliche Rationalisierung in Ostasien war in der Anfangsphase eine politische Konsequenz gegen die Aggression des Okzidents. Japan transformierte sich erfolgreich von einer traditionellen zu einer modernen Gesellschaft. Es gleicht einem Wunder, daß sich eine gesellschaftliche Struktur innerhalb so kurzer Zeit umwandeln konnte. Bei dieser ostasiatischen Modernisierung paßt die Vorstellung von Breuer: »Modernisierung« als eine »ständige Wechselwirkung von Rationalität und Charisma« aufzufassen.[270] Es scheint, daß im damaligen Ostasien die Wissenschafts-, Militär- und Wirtschaftskraft des Okzidents als Charisma gespielt haben. Dieses Charisma war eine

270) S.2, Breuer 1994.

schöpferisch revolutionäre Macht im Tokugawa-Regime in Japan. Der »exogene« Prozeß der gesellschaftlichen Rationalisierung in Ostasien scheint also eine Chance zu sein, nicht nur der Industrialisierung, sondern auch der gesellschaftlichen Rationalisierung auf die Beine helfen zu können. In der Tat vollzog sich die gesellschaftliche Rationalisierung in Ostasien durch den Anstoß des Okzidents. Jedoch ist fraglich, ob sich der Vorgang der Rationalisierung mit dem des Okzidents deckt und ob die gesellschaftliche Rationalisierung in Ostasien durch das Rationalisierungskonzept Webers erklärt werden kann.

Max Weber gibt der sozialwissenschaftlichen Auseinandersetzung mit der Rationalisierung einen bedeutenden Anstoß, die ostasiatische Modernisierung zu verstehen. Die ostasiatische Modernisierung war eine »exogene« Entwicklung. Nach dem Schema der inhaltlichen Bestimmung der Modernisierung von Lepsius[271)] ist das ostasiatische Modernisierungsmodell keine »Anglo-Amerikanisierung«, sondern eine »Modernisierung als Verwirklichung bestimmter Eigenschaften der Gesellschaft«. Zwar dienen die anglo-amerikanischen Staaten als Muster der Modernität, aber der ostasiatische gesellschaftliche Rationalisierungsprozeß wurde durch eigene bestimmte Eigenschaften verwirklicht. Im Modernisierungsprozeß wurde die traditionelle Ordnung Ostasiens nicht völlig aufgelöst, und die ostasiatische Gesellschaft hält sich in ihrem Kollektivismus im wesentlichen relativ konstant. Somit stellt das ostasiatische Entwicklungsmuster Webers Rationalisierungskonzept in Frage, nach der Rationalisierung mit Kollektivismus nicht zu vereinbaren ist. In der Tat stellt die ostasiatische gesellschaftliche Rationalisierung eine Alternative dar. Auch der Hinweis Eisenstadts bestätigt dies. »Eine Gesellschaft, die um so eher in der Lage ist, kontinuierlich zu wachsen, je weniger traditionell sie ist, erwies sich als falsch. Man erkannte, daß die bloße Zerstörung traditioneller Formen die Entwicklung einer neuen Gesellschaft noch

271) S.13f, Lepsius 1977.

nicht gewährleistete. Im Gegenteil, oft führte das Zerbrechen der traditionellen Umwelt - der Familie, Gemeinde oder auch einer politischen Umwelt - nur zu Desorganisation, Delinquenz und Chaos.«[272)] Nach dem ostasiatischen Rationalisierungsschema ist es keineswegs nötig, zur gesellschaftlichen Rationalisierung die gesamte Konfiguration der Traditionalität aufzugeben. Lepsius macht hier deutlich: »Traditionalität und Modernität müßten sich nicht gegenseitig ausschließen und könnten ohne notwendige Konflikte nebeneinander bestehen. Es gäbe besondere soziale Mechanismen, die die Gleichzeitigkeit von traditionalen und modernen Strukturelementen auf Dauer erhalten, d.h. institutionalisieren oder segmental gegenseitig immunisieren.«[273)] Die gesellschaftliche Rationalisierung in Ostasien erfolgte zwar nicht nur unter dem Zeichen des Individualismus, jedoch steht in der Anfangsphase der gesellschaftlichen Rationalisierung Ostasiens der Individualisierungsprozeß.

a) Soziales Handeln

Für den Prozeß der gesellschaftlichen Rationalisierung weist Weber immer wieder nachdrücklich auf die Bedeutung individuell auszufüllender Handlungsspielräume innerhalb institutioneller Kontexte hin. Im Rahmen der Rationalisierung muß das soziale Handeln ins Zentrum gelangen. Soziales Handeln liegt vor, wenn der Einzelne einen bestimmten subjektiven Sinn mit seinem Handeln verbindet und sich an dem erwarteten Handeln anderer orientiert. Das soziale Handeln in der Rationalisierung ist das Zweck-Mittel-Handeln. Das freie und zweckrationale Handeln kann es nur außerhalb der Gemeinschaft geben. Es war nicht gelun-

---

272) S.128, Eisenstadt 1979.
273) S.18, Lepsius 1977.

gen, in Ostasien von der Gemeinschaft zur Gesellschaft überzugehen. Dazu fehlt in der konfuzianischen Tradition hauptsächlich das Konzept der Bürgerschaft und der Rechtsstaatlichkeit. Es gibt im Konfuzianismus also keinen Boden der Freiheit des Handelns und es war unmöglich, das individuelle Handeln aus eingener Kraft in der traditionellen konfuzianischen Gesellschaft zu etablieren. Deshalb sagt man, daß Ostasien zur gesellschaftlichen Rationalisierung auf den Anstoß aus dem Okzident warten mußte. Das Rechtssystem des Okzidents als Anstoß hat in Ostasien zunächst einen freien Handlungsspielraum des sozialen Handelns geschaffen und steht als legitime Ordnung zur Verfügung. Der Prozeß der gesellschaftlichen Rationalisierung hat in Ostasien mit der Befreiung des menschlichen Handelns durch das okzidentale Rechtssystem begonnen. Das soziale Handeln entsteht also durch das gesetzte, bewußt geschaffene und jederzeit abänderbare Recht.

b) Die Übernahme des okzidentalen Rechtssystems

In der Erfolgsgeschichte der gesellschaftlichen Rationalisierung in Ostasien -Südkorea, Taiwan, Singapur und Japan- kann man sehen, daß Organisationen wie das ökonomische und juristische System sowie das Erziehungswesen aus den westlichen Ländern übernommen oder daß alte Institutionen zumindest beeinflußt worden sind. An dieser Stelle muß man, um die ostasiatische gesellschaftliche Rationalisierung zu verstehen, anmerken, welche Komponente der westlichen Ländern die Rationalisierung Ostasiens abhängig machte und wie diese Komponente zur gesellschaftlichen Rationalisierung führte. Ich gebe zu, daß die gesellschaftliche Rationalisierung, auf die Weber aufmerksam macht, durch die moderne kapitalistische Entwicklung beschleunigt ist. »Geschichtlich steht der 'Fortschritt' zum bürokratischen, nach rational gesatztem Recht und rational erdachten Reglements judizierenden und verwaltenden Staat in engstem Zusammenhang mit der modernen kapitalistischen Entwicklung.«[274] Nicht nur das, auch hat der Kapitalismus in Ostasien in der Anfangsphase der Modernisierung noch bewirkt, das zur gesellschaftlichen Rationalisierung notwendige Individuum von der Tradition zu befreien. Dabei entsteht in Ostasien freilich nicht, wie Berger argumentiert, jener »uneingeschränkte 'Individualismus' der westlichen oder besonders amerikanischen Art, sondern der Einzelne befreit sich mehr und mehr von den Beschränkungen, die ihm das traditionelle Gemeinwesen wie Großfamilie, Dorf, Kaste oder ethnische Herkunft auferlegen.«[275] Im Okzident und Ostasien ist plausibel, daß der Rationalisierungsprozeß zu einer immer stärkeren Versachlichung der gesellschaftlichen Strukturen, sowie zu einer Versachlichung des Subjektivismus geführt hat. Jedoch bestand in Ostasien im Prozeß der gesellschaftlichen Rationalisierung das Problem, wie das soziale Handeln überhaupt zur Umsetzung der gesellschaftlichen Rationalisierung praktiziert werden konnte. Was den Bann der traditionellen Selbstblockade in bezug auf die gesellschaftliche Rationalisierung gebrochen hat, genauer: das soziale Handeln zugelassen hat, war das formale Recht des Okzidents. Das aus dem Okzident übernommene Rechtssystem beseitigte die in die traditionalen Gesellschaften eingebauten Selbstblockaden, die die Entfaltung der Individualisierung verhinderten. Es war in Ostasien nicht möglich, diese Selbstblockade selbst zu lösen, denn eine Freisetzung der Gesellschaftsmitglieder von der traditionellen Integration hätte die Auflösung der Gesellschaftsordnung bedeutet. Entscheidend für die Rationalisierung in Ostasien war die Übernahme des okzidentalen Rechtssystems. Die gesellschaftliche Rationalisierung in Ostasien kann ohne diese Beihilfe

---

274) S.826, WG.
275) S.233, Berger 1992.

nicht gedacht werden. Dem ostasiatischen Rationalisierungsprozeß ermöglicht dieses Rechtssystem eine Tendenz zur Privatisierung und Individualisierung, die für die gesellschaftliche Rationalisierung fundamental ist. Wo die praktisch-rationale Lebensführung »durch Hemmungen seelischer Art obstruiert war, da stieß auch die Entwicklung einer wirtschaftlich rationalen Lebensführung auf schwere innere Widerstände.«[276] Die das zweckrationale Handeln hemmende Tradition konnte in Ostasien durch die Übernahme des okzidentalen Rechtssystems gebrochen werden. So konnten sich die modernen, rationalen Kräfte durchsetzen. Nicht nur das: Das Recht spielt eine andere Rolle in Ostasien. Das übernommene Rechtssystem ist die Ordnung, deren Geltung durch Zwang garantiert ist. Die Rechtsordnung wird zur Institutionalisierung zweckrationalen Handelns als »Bestimmungsgrund realen menschlichen Handelns« aufgefaßt. Die Rechtsordnung ist also für die gesellschaftliche Rationalisierung Ostasiens die benötigte berechenbare Rahmenbedingung.

Die Kombination des rationalen Rechtssystems mit der rationalen Einrichtung der Gesellschaft ist eigentlich vollkommen westlichen Ursprungs. Das europäische Rechtssystem ist gegenüber dem konfuzianischen Rechtssystem beträchtlich ausdifferenziert, wie Trubek schreibt: »Der europäische Staat trennte das Recht strikt von der Politik. In Europa gab es spezifizierte Berufsgruppen oder Standesgruppierungen für Juristen. Rechtssätze wurden bewußt formuliert, und die Rechtsschöpfung war relativ frei von religiösen Einflüssen bzw. hatte sich von ähnlichen traditionalen Legitimationsquellen 'emanzipiert'. Konkrete Entscheidungen wurden durch Anwendung universeller Regeln getroffen, auch waren diese Entscheidungen politischen Interventionen nicht permanent ausgesetzt.«[277] Das konfuzianische Recht war nicht strikt von der Politik getrennt. Deswegen wurden konkrete Entscheidungen manchmal willkürlich getroffen. Das

---

276) S.12, RS I.
277) S.158, Trubek 1984.

Problem der gesellschaftlichen Rationalisierung in Ostasien bestand darin, daß es in Ostasien bei der streng traditional gebundenen Herrschaftsausübung so gut wie unmöglich war, Tradition selbst zu überschreiten oder das formale Recht absichtlich durchzusetzen. Diese Probleme zu umgehen, gelang den Ostasiaten durch die Übernahme des okzidentalen Rechtssystems. Die Anwendung des Rechts bedeutete den Bedeutungsverlust ethisch-religiöser traditioneller Integrationen. Der *teilweise* Durchbruch der Tradition[278)] und die Rationalisierung in Ostasien entstand durch die selbständige Übernahme der okzidentalen Organisation, insbesondere des Rechtssystems. Mit der Übernahme des okzidentalen Rechts wurde das Naturrecht unbemerkt übernommen. Dadurch etablierte sich in Ostasien das soziale Handeln und somit eine neue legitime Ordnung.

(aa) Das Naturrecht

Max Weber unterstreicht die historische Bedeutung des Naturrechts für die Entwicklung des modernen rationalen Rechtes: »Eine naturrechtliche Entwicklung modern okzidentalen Gepräges hätte neben so manchem anderen auch eine Rationalisierung des positiv geltenden Rechtes vorausgesetzt, wie sie der Okzident im römischen Recht besaß.«[279)] Man versteht Naturrecht als das System rechtlicher Normen, die »für alle Menschen als Vernunftwesen, auch ohne und im Konfliktfalle sogar gegen alle positiven, insbesondere staat-

---

278) Der Übergang von traditionaler zu legaler Herrschaft war ein Ergebnis, das in engem Zusammenhang mit dem Modernisierungsprozeß stand. Durch die Modernisierung wurde aber die traditionelle Struktur nicht vollständig aufgelöst, sondern die Tradition oder die »Ligaturen« wurden nur geschwächt.

279) S.437, RS I.

lichen Gesetze und Weisungen, überall und jederzeit verbindlich sind.«[280] Das System rechtlicher Normen, welche kraft rein immanenter Qualitäten legitim sind: die spezifische und einzig konsequente Form der Legitimität eines Rechts, welche »übrigbleiben kann, wenn religiöse Offenbarungen und autoritäre Heiligkeit der Tradition und ihrer Träger fortfallen. Das Naturrecht ist daher die spezifische Legitimitätsform der revolutionär geschaffenen Ordnungen. Berufung auf 'Naturrecht' ist immer wieder die Form gewesen, in welcher Klassen, die sich gegen die bestehende Ordnung auflehnten, ihrem Verlangen nach Rechtsschöpfung Legitimität verliehen, sofern sie sich nicht auf positive religiöse Normen und Offenbarungen stützten.«[281] Diese Naturrechtsnormen befürworteten die Entstehung des okzidentalen Individuums. In der konfuzianischen Lebensorientierung fehlte die naturrechtliche Entwicklung okzidentaler Prägung, da es in Ostasien keine Dichotomie zwischen »Gott« und der »Welt« gab. Das urwüchsige Austauschprinzip des ostasiatischen bäuerlichen Nachbarverbandes »wie Du mir, so ich Dir - die 'Reziprozität'«[282] war keine gegeneinanderstehende, individuelle Reziprozität, sondern das vertrauliche holistische Gefühl oder genauer das »Ligaturen«-Handeln. In Ostasien fand das Individuum seine eigene Identität nur als Mitglied in der Familie, Sippe und Gruppe. Darum kann man bei der Beurteilung des Naturrechts behaupten, daß in Ostasien nicht die Stärke des Ethos von Familie, Verwandtschaft und Clan den Weg zum modernen Staat versperrte, sondern das Fehlen einer Naturrechtsphilosophie.[283] Infolgedessen konnte man sich in der ost-

---

280) S.245, Ilting In: Geschichtliche Grundbegrife.

281) S.497, WG.

282) S.451, RS I.

283) Viele Okzidentale glauben, daß die ostasiatische »Legalisten-Schule« sich unter der Naturrechtsphilosophie entfaltete. Das positive Recht der »Legalisten-Schule« basierte jedoch keineswegs auf der Naturrechtsphilosophie. Der »Legalismus« in Ostasien war nur ein Normativismus. Darum ist die »Gleichheit vor dem Gesetz« übertrieben, ohne die ostasiatische Philosophie einzubeziehen. (Vgl. S.83, Breuer 1984 a).

asiatischen Ideengeschichte die Vertragstheorie nicht vorstellen. Staat und Gesellschaft wurden nicht zu einer Veranstaltung, die von gleichberechtigten Individuen hervorgebracht wird und ihrem Wohl zu dienen hat. Das Fehlen des Naturrechts führte auch zu einer Fehlentwicklung der juristischen Logik.

Der naturrechtliche Gedanke kam mit dem positivistischen Rechtssystem aus dem Okzident unbemerkt nach Ostasien. Durch die Übernahme des okzidentalen Rechtssystems wurde das naturrechtliche Prinzip in Ostasien ebenfalls übernommen, darunter auch das freie Individuum, das vor dem Gesetz gleich ist. Durch die Übernahme des Rechts verfügen alle über Freiheit und Gleichheit vor dem Gesetz und schließlich auch über »subjektive Rechte«. »Rationalität«, wie Breuer erläutert, »im Sinne von Berechenbarkeit und systematischer Geschlossenheit kann es nur da geben, wo es garantierte subjektive Rechte gibt, die der patriarchal-patrimonialen Willkür entzogen sind.«[284) »Subjektive Rechte« gaben in der Tat einen wichtigen Anstoß zur gesellschaftlichen Rationalisierung der konfuzianischen Welt. In der Anfangsphase der gesellschaftlichen Rationalisierung Ostasiens hat die okzidentale Rechtstradition die Menschen von der Tradition befreit. Diese Befreiung hat der persönlichen Autonomisierung eine große Wirkung gegeben.

Mit der Übernahme des okzidentalen Rechtssystems, Übernahme der naturrechtlichen Rechtsbegriffe und

---

Die Satzungen der »Legalisten-Schule« kamen nicht durch Formalität zustande. Tai beschreibt das legalistische Rechtsdenken: »Dieses legalistische Rechtsdenken spiegelt den geschichtlichen Ablauf wieder: vom Willen des Gesetzgebers über den Willen des Gesetzes zum Gesetz selbst. Es liegt nahe, darin eine innerlich folgerichtige Entwicklung vom Willen bis zur Norm, vom Dezisionismus zum Normativismus zu vermuten. So gesehen, hat der Legalismus den Aspekt des Normativismus geprägt. Dabei gewinnt die Norm für den Legalismus nicht die Bedeutung wie bei der Scholastik, deren Verbindlichkeit in der Vernunft des Menschen einerseits und im Gotteswillen andererseits liegt, [...].« (S.81-82, Tai 1969)

284) S.13, Breuer 1994.

insbesondere der »subjektiven Rechte« trennen sich gesetztes Recht und staatliche Ordnung von moralischen Anforderungen. Am engsten damit verbunden ist, daß sich in Ostasien der Begriff der »subjektiven Rechte« etabliert hat. In diesem Sinne stimme ich Nelson zu. Denn Nelson meint, daß in einer Gesellschaft, die sich in Richtung Universalisierung bewegt, einige Hebel vorhanden sein müssen, die »die Bewegung in diese Richtung lenken. In den kulturellen Strukturen des Westens waren das Christentum, das griechische und römische Recht Hebel, die dahin wirkten. Im Fernen Osten fehlte dieser Anstoß zum Wandel. In der Tat mußten aus diesem Grunde Veränderungen universalisierender Art im modernen Osten auf die Einflüsse der kulturellen Strukturen der westlichen Welt warten.«[285] Die Aufnahme fremder kultureller Strukturen war in Ostasien jedoch nicht eine bloße Übernahme ursprünglicher Formen, sondern der Hebel, der die traditionelle Gesellschaft in die rationale Gesellschaft bewegte. Die Grundidee des Naturrechts ist ein guter Hebel, denn sie ist eine Antriebskraft zur Rationalisierung der traditionellen ostasiatischen Gesellschaft.

(bb) Die Entstehung des Individuums in Ostasien

Nach Weber ist die gesellschaftliche Rationalisierung der Prozeß des Mündigwerdens des Bürgertums.[286] Ein Unterschied in der gesellschaftlichen Entwicklung zwischen dem Okzident und Ostasien besteht darin, daß in Ostasien das Individuum fehlte. Das bürgerliche Individuum gesellschaftlicher Rationalisierung wird durch individuelles Handeln gekennzeichnet. Die bürgerliche Schicht war die primäre Trägerin der moder-

---

285) S.51, Nelson 1986.
286) S.10, RS I.

nen europäischen Dynamik. Durch die Übernahme des okzidentalen Rechts entwickelten sich die Naturrechtsphilosophie und die »subjektiven Rechte« in Ostasien, wodurch der Begriff des Individuums entstand. Die Implementierung des okzidentalen Naturrechts, nicht durch eine willkürliche persönliche Norm, sondern durch eine immanente qualitative Norm, stellte in der ostasiatischen Individualisierung eine *unsichtbare Revolution* dar. Das Individuum, das seine Lebensführung nach den Prinzipien von Freiheit und Gleichheit autonom gestalten kann, war in Ostasien bis zum Ende des 19. Jahrhunderts ausgeschlossen. Mit der Übernahme des Rechts war die Basis sozialen Handelns geschaffen. Das heißt, daß »das Verhältnis eines Individuums zu der Ordnung der Vorrechte nicht mehr durch Geburt oder königliche Gunst bestimmt werden [sollte], sondern durch seinen Platz und seinen Erfolg im Produktionsprozeß.«[287] Das übernommene Rechtssystem garantierte die individuelle Freiheit und Gleichheit. Unter diesem rechtlichen System entstand das moderne ostasiatische Bürgertum und letztendlich das individuelle Handeln.

Das okzidentale Bürgertum entfaltete sich in der okzidentalen Stadt. Die Stadt im Okzident entwickelte sich zu einem »anstaltsmäßig vergesellschafteten, mit besonderen und charakteristischen Organen ausgestatteten Verbandes von 'Bürgern', welche in dieser ihrer Qualität einem nur ihnen zugänglichen gemeinsamen Recht unterstehen, also ständische 'Rechtsgenossen' sind.«[288] In Ostasien ist durch die Übernahme »subjektiver Rechte« die Gesellschaft zu einer bürgerlichen geworden. Die traditionelle konfuzianische Gesellschaft war eine geschlossene Gesellschaft, die nach dem Prinzip der ständischen Gesellschaft funktionierte. Hier war der handelnde Mensch formal nicht frei. Offiziell gliederte sich die konfuzianische Gesellschaft in Gelehrte (Shi), Bauern, Handwerker und

287) S.96, Berger 1992.
288) S.743, WG.

Kaufleute.[289] In dieser Gesellschaft war der Stand traditionell und teilweise mit rechtlich gültigen Ungleichheiten festgelegt. Das Individuum ist hier nicht frei, sondern erstickt worden. Der Individualisierungsprozeß kann in der Startphase viele Probleme mit sich bringen, wie Narr im Hinblick auf das heutige China merkt hat.[290] Aber nicht nur die Individualisierung schafft Probleme, sondern auch die Entwicklungschance zur gesellschaftlichen Rationalisierung, wenn dieser Prozeß erfolgreich durchgesetzt und etabliert wird. Die Individualisierung in Ostasien hat die Situation der ganzen Bevölkerung verbessert, wie Eisenstadt in Japan nach der Öffnung der Tür im 19. Jahrhundert gegenüber Europa[291] und den heutigen sogenannten NIC (Newly Industrializing Countries)-Ländern in Ostasien beobachtet. Die Entstehung des Individuums bildet also die Basis sozialen Handelns.

---

289) Die Klassen - Bauern, Handwerker und Kaufleute - wurden durch Geburt bestimmt. Für die Gelehrten-Klasse (Shi) konnte man sich nur über eine Beamtenprüfung qualifizieren. Jedoch konnten nur die Söhne der selbständigen Bauernklasse und Gelehrtenklasse für diese Prüfung kandidieren. Sowohl die Handwerker- als auch die Kaufleuteklasse waren stets von der Herrschaftsausübung ausgeschlossen. Tragende Klasse der Bevölkerung waren die Bauern und die Gelehrten (Shi)-Klasse.

290) »Die weltweite dynamische Entgesellschaftung von Gesellschaften erschwert jeden bürgerlichen Eigensinn und jede bürgerliche Eigenorganisation. Sie zerbröselt mögliche Politisierungsprozesse. Sie 'denaturiert' die vereinzelten Menschen, die hilflos und/oder aggressiv der unentrinnlichen Mobilisierung und Flexibilisierung von oben ausgesetzt sind. Die ungeheuren, fast nur mit Schrecken erwartbaren sozialen Kosten des 'Individualisierungsprozesses' sind am Riesenexempel China in beschleunigter Fahrt zu beobachten.« (S.340, Narr 1995 b).

291) S.506, Eisenstadt 1995.

(cc) Die Rechtsordnung als »faktischer Bestimmungsgrund realen menschlichen Handelns« in Ostasien

Das Recht hat nicht nur das individuelle Handeln befreit, sondern auch einen »Komplex von faktischen Bestimmungsgründen realen menschlichen Handelns« gebildet. Ostasien hatte lange Zeit ein im Detail kodifiziertes Recht. Der Konfuzianismus betrachtet trotzdem von vornherein das konkret gestaltende Recht geringschätzig und sieht im geschriebenen Recht sogar eine Gefahr für die Staatsordnung.[292] Das ostasiatische Recht hat keine Funktion als »faktischer Bestimmungsgrund realen menschlichen Handelns«. Das Recht schützt hier keine eigene Ordnung, es ist nur die Dienerin der Sittlichkeit. Es fehlt also im Konfuzianismus an dem Bedürfnis oder der Notwendigkeit einer neuen gedanklichen Legitimierung der gesellschaftlichen Ordnung durch das Recht wie im Okzident. Unter diesen Umständen kann man sich die Funktion des Rechts nicht vorstellen. Der Mittelpunkt der konfuzianischen Rechtsauffassung liegt nicht in der Rechtsgestaltung, sondern in der von Moralsätzen abgeleiteten Rechtsidee. Die ostasiatische Hauptsteuerung des sozialen Handelns erfolgt nicht durch die Rechtsordnung, sondern durch die »Li«-Ordnung. Die Übernahme der Rechtsordnung ist in Ostasien letztendlich der »faktische Bestimmungsgrund realen menschli-

---

292) Die Eigenart des chinesischen Rechts ergibt sich in ihren Grundlagen aus dem Faktor einer Beschränkung der Funktion des Rechtes in der Staats- und Gesellschaftsordnung, aus einem besonderen Verhältnis zwischen Recht und Sittlichkeit und aus der eigentümlichen patriarchalischen Staatsauffassung. Konfuzius selbst sah im geschriebenen Recht eine Gefahr für die Staatsordnung. »Der Konfuzius sprach: Wenn man das Volk mit Gesetz leitet und durch Strafmaßnahmen in Bann hält, so wird es den Strafen zu entgehen suchen und doch kein Gewissen haben. Lenkt man es aber mit Tugend, so hat das Volk Gewissen und (das Gute) erreicht.« (»Lun-yü«, II/3).

chen Handelns.« Nach abendländischer Anschauung bildet die Rechtsordnung nur eine von mehreren normativen Ordnungen, indem sie sich auf immer mehr Lebensgebiete ausdehnt und die anderen Ordnungen zurückdrängt. In der ostasiatischen gesellschaftlichen Rationalisierung war in der Anfangsphase das Recht keine von mehreren normativen Ordnungen, sondern ein Grundpfeiler im Bestimmungsgrund zweckrationalen Handelns. Weil die Rolle des Rechts in der ostasiatischen gesellschaftlichen Rationalisierung so groß ist, ist das Recht als »Brückenkopf« zwischen »Lebenswelt« und »System« in Ostasien zu schwach, wie Narr Habermas kritisiert.[293)]

(2) Die gesellschaftliche Rationalisierung in Ostasien

Max Webers gesellschaftliche Rationalisierung umfaßt das am Zweck-Mittel-Schema orientierende soziale Handeln und die legitime Ordnung als Bestimmungsgrund sozialen Handelns. Der ostasiatische Rationalisierungsprozeß ist zwar mit dem Individualisierungsprozeß von der konfuzianischen Mitgliederschaft zum Individuum einhergegangen und er bedeutete auch ein Prozeß der Auflösung traditioneller Ordnung, jedoch ist es schwer, die Rationalisierungsweise Ostasiens ausschließlich mit der Kategorie des Individualismus zu fassen. Die Rationalisierung Ostasiens ist eine Mischform aus Individualismus und Kollektivismus. In diesem Zusammenhang besteht die Kernfrage der gesellschaftlichen Rationalisierung in Ostasien darin, wie das konfuzianische Individuum das Zweck-Mittel-Handeln ausführt? Wie wird der dauerhafte Bestand sozialen Handelns bestimmt?

---

293) Narr 1994a und Narr 1994b.

Den erfolgreichen Weg der Rationalisierung in Ostasien führe ich darauf zurück, daß im Vergleich zu dem Rationalisierungskonzept Webers in Ostasien das soziale Handeln entstand und die traditionellen Ordnungen durch die Rechtsordnung, die Geltung hat, ersetzt worden ist. Hinzu kommt eine wichtige Komponente: Das ostasiatische Menschentum wurde durch die konfuzianische Ethik geformt. In Ostasien fehlte zur gesellschaftlichen Rationalisierung hauptsächlich nur das soziale Handeln und die Rechtsordnung dessen als Bestimmungsgrund. Ostasien hat durch die Übernahme des okzidentalen Rechtssystem den Bann zur gesellschaftlichen Rationalisierung gebrochen. Das okzidentale Recht führte Ostasien dazu, Privates und Öffentliches zu polarisieren. Das okzidentale Recht hat noch eine weitere wichtige Bedeutung in Ostasien, nämlich die Befreiung der Menschen von der Tradition, so daß das freie und zweckrationale Handeln in Ostasien möglich ist. Was man jedoch bei der ostasiatischen Rationalisierung nicht vergessen darf, ist, daß es sich bei der ostasiatischen Rationalisierung trotz ihrer Verbindung mit dem zweckrationalen Handeln und der legitimen Rechtsordnung um eine originär ostasiatische Eigenschaft handelt, denn die ostasiatische Gesellschaft ist noch immer von dem konfuzianischen Individuum und dem konfuzianischem Handeln beeinflußt.

Es ist bekannt, daß die ostasiatische gesellschaftliche Rationalisierung auf einer Selektion, Synthese und Neuschaffung eigener traditioneller und neuer europäischer Komponenten beruht. Um die Transformation vom traditionellen zur modernen Gesellschaft zu erklären, muß in Ostasien zunächst auf die Entwicklung des Individuums rekurriert werden. Die Entwicklung des Individuums in der konfuzianischen Ethik lief einen deutlich anderen Weg als im Okzident. Das Individuum ist in Ostasien im Sinne Webers eine verspätete Erscheinung, und auch nicht durch einheimische Faktoren, sondern durch einen Anstoß des Okzidents ausgelöst. Das ostasiatische Individuum ist kein Individuum, wie es sich Weber vorstellt. Im sozialen Handeln ist das Handeln in Ostasien nicht strikt freies Handeln, sondern ein auf »Ligaturen« bezogenes Handeln. Unter diesen Verhältnissen kann sich das soziale Handeln nicht wie im Okzident entfalten. Das Recht hat zwar in Ostasien den Knoten zur Entfaltung der sozialen Handlung gelöst, aber das okzidentale Rechtssystem hat in der modernen ostasiatischen Gesellschaft das konfuzianische »Ligaturen«-Handeln nur geschwächt oder teilweise abgeschnitten. Durch den Anstoß des Okzidents ist Ostasien zwar beim »Metakonfuzianismus« gelandet[294)], aber nicht bei einem freien, subjektiven Handeln. Das Handeln in Ostasien ist also nicht nur ein soziales Handeln, das in der ostasiatischen gesellschaftlichen Rationalisierung die Hauptrolle spielt, sondern auch, vielmehr, ein eigenartiges konfuzianisches Handeln, das kollektivistisch ist.

---

294) S.497, Weggel 1990.

II. Eine Alternative zum Rationalisierungskonzept Max Webers

Max Weber konzipiert den gesellschaftlichen Rationalisierungsprozeß als eine Institutionalisierung zweckrationalen Handelns. Zur Durchsetzung der gesellschaftlichen Rationalisierung betont er vorwiegend die notwendige Ausbreitung der Zweckrationalität. Hierunter ist der Individualismus zu fassen. Das individuelle Handeln ist Realität und Ausdruck der menschlichen Fähigkeit, sich Ziele und Zwecke frei zu setzen und zu verfolgen. Im Mittelpunkt der Rationalisierung steht nicht die Frage, ob das Handeln etwa gut oder schlecht ist, sondern ob es zweckrational ist. »Zweckrational handelt, wer sein Handeln nach Zweck, Mitteln und Nebenfolgen orientiert und dabei sowohl die Mittel gegen die Zwecke, wie die Zwecke gegen die Nebenfolgen, wie endlich auch die verschiedenen möglichen Zwecke gegeneinander rational abwägt.«[295] Zweckrationales Handeln ist von Anfang an unabhängig von gesellschaftlichen Bedingungen. Nach Weber kommt den Kollektivgebilden keine selbständige Bedeutung zur Analyse des Gesellschaftsgebildes zu, das heißt ausnahmslos, die Analyse der Gesellschaft »auf Handeln der beteiligten Einzelmenschen, zu reduzieren.«[296] Das Individuum ist der »auf sich gestellte einzelne Mensch, nachdem der 'Objektivität'

295) S.13, WG.
296) S.439, WL.

jede Art infolge ihrer Entzauberung (durch Rationalisierung) keine selbständige Bedeutung mehr zukommt.«[297] Das individuelle Handeln als »jede denkende Besinnung auf die letzten Elemente sinnvollen menschlichen Handelns« ist zunächst gebunden an die Kategorien der gesellschaftlichen Rationalisierung.

Das Rationalisierungskonzept von Weber wurde aus einer europäischen Perspektive erstellt. Die Fragestellung seines Rationalisierungskonzepts gewinnt angesichts der ostasiatischen gesellschaftlichen Rationalisierung die Bedeutung. Die zur Zeit reiche Diskussion wird über die Frage geführt, ob »es einen eigenständigen (ost-)asiatischen Weg der Modernisierung gibt, eine Modernisierung, die der westlichen nicht nur gleichwertig, sondern überlegen ist und die das nächste Jahrhuntert bestimmen wird.«[298] Auf die Frage von Zapf kann ich hier feststellen, daß Ostasien in der Tat zur gesellschaftlichen Rationalisierung einen von dem des Okzidentes abweichenden Weg eingeschlagen hat. In Ostasien hat die Rahmenbedingung der Übernahme des okzidentalen Rechts die gesellschaftliche Rationalisierung in Bewegung gesetzt, jedoch ist sie keineswegs ausschließlich mit dem Individualismus einhergegangen. In der ostasiatischen Entwicklung spielt der Individualismus, und zwar das Zweck-Mittel-Schema eine Rolle bei der gesellschaftlichen Rationalisierung.[299] Aber die gesellschaftliche Rationalisierung Ostasiens wurde auch unter dem Einfluß der sog. »Ligaturen« (Dahrendorf) bzw. der »asiatischen Werte« (Senghaas) durchgeführt. Das heißt, daß die ostasiatische Rationalisierung keine Traditionsauflösung, sondern einen Zusatz zu einer anderen Kultur bedeutet. Leuenberger hat in diesem

---

297) S.18, Löwith 1960.

298) S.72, Zapf 1996. Ob der (ost)-asiatische Weg der Modernisierung überlegen ist, ist unklar, jedoch gibt es einen eigenständigen ostasiatischen Weg der Modernisierung.

299) Das heißt, daß durch die Übernahme des modernen Rechtssystems der handelnde Mensch formal frei ist und sich das soziale Handeln in Ostasien weitgehend anders als früher unabhängig von der traditionellen Ordnung bewegt.

Zusammenhang eine gute Frage aufgeworfen: »Das asiatische Entwicklungsmuster stellt somit die Weber-These (RS I, S.537, [...]) in Frage, wonach die Entwicklung der modernen Industriegesellschaft immer von einem langfristigen Prozeß der Veränderung gesellschaftlicher Struktur im Sinne wachsender westlicher Rationalität bestimmt sein muß. Die evolutionistische Perspektive, wonach im Prozeß der Modernisierung die Schrumpfung und Auflösung traditioneller Gemeinschaftsstrukturen und Verhaltensweisen als unumgänglich betrachtet wird, muß relativiert werden. Im Blick auf die ostasiatische Entwicklung können wir feststellen, daß das zentrale Paradigma unserer westlichen Modernisierungstheorien, nämlich der Rationalisierungsprozeß, die dialektische Entwicklung der Gemeinschaft zur Gesellschaft, in der Weise nicht stattgefunden hat. Die japanische Entwicklung beweist, daß das dem Westen eigene Organisationssystem samt der geistigen Umstrukturierung nicht unbedingt notwendig ist für die Einführung von industrieller Produktion in ein anderes soziales System. Die japanische industrielle Modernität entwickelte sich in Übereinstimmung mit dem sozialen System Japans und nahm von daher seine Kraft. Natürlich stellt man auch sozialen Wandel fest, aber der Charakter dieses Wandels ist ein spezifischer: Die Veränderungen haben die Basis des sozialen Systems kaum berührt. Das Neue baut einfach auf den vorhandenen Strukturen auf. Wandel bedeutet in dieser Kultur nicht, daß eine Sache durch eine andere ersetzt wird: Wechsel bedeutet einen Zusatz, nicht einen Ersatz.«[300] Die ostasiatische Modernisierung wurde also nicht hauptsächlich unter Auflösung des traditionellen Kollektivismus durchgeführt, was Weber für unmöglich hielt. Im ostasiatischen Rationalisierungmodell scheint es eine Entwicklungsalternative zum Rationalisierungskonzept Webers zu geben. Darin sehe ich die Probleme einer direkten Anwendung von Webers Rationalisierungskonzept auf Ostasien. Mithilfe dieses ostasiatischen,

300) S.129f, Leuenberger 1975.

konfuzianischen Hebels kann man das Rationalisierungskonzept Webers kritisch betrachten.

1. Das nach dem Zweck-Mittel-Schema handelnde Individuum als notwendige Komponente einer gesellschaftlichen Rationalisierung

In der gesellschaftlichen Rationalisierung ist das soziale Handeln die Hauptkomponente. In der Entwicklungstendenz der okzidentalen gesellschaftlichen Rationalisierung hält Weber auf der Seite des sozialen Handelns nur das Zweck-Mittel-Schema für einen rationalisierungsfähigen Aspekt. Diese Zweck-Mittel-Kategorie gilt dem Rationalitätskonzept Webers als sinngebendes Element und die Basis. Der Träger sozialen Handelns muß für die gesellschaftliche Rationalisierung einen bestimmten Charakter aufweisen. Für den Rationalisierungsprozeß konzentriert sich Weber daher zentral auf die »Entwicklung des okzidentalen Menschentums«, das als die »kühle und menschlichkeitsfremde 'Sachlichkeit'« genannt wird, und dazu neigt, nach dem Zweck-Mittel-Schema handeln zu wollen. In dem Maßstab der Zweckrationalität werden instrumentalisierte Menschen lediglich als Mittel für die Durchsetzung eigener Zwecke gesehen. Die instrumentalisierten Menschen handeln nach »inneren Eigengesetzlichkeiten«, und zwar danach, »innere Eigengesetzlichkeiten der einzelnen Sphären in ihren Konsequenzen bewußt werden und dadurch in jene Spannungen zueinander geraten zu lassen, welche der urwüchsigen Unbefangenheit der Beziehung zur Außenwelt verborgen blieben.«[301] Die »bewußte Sublimierung der Beziehung des Menschen« ist die unpersönliche Beziehung mit rationaler Versachlichung der Lebensordnung. »Wie das

---

301) S.541f, RS I.

ökonomische und das politische rationale Handeln seinen Eigengesetzlichkeiten folgt, so bleibt jedes andere rationale Handeln innerhalb der Welt unentrinnbar an die brüderlichkeitsfremden Bedingungen der Welt, die seine Mittel oder Zwecke sein müssen, gebunden und gerät daher irgendwie in Spannung zur Brüderlichkeitsethik.«[302] Diese okzidentalen, brüderlichkeitsfremden Bedingungen sind ein wichtiger Beitrag zur gesellschaftlichen Rationalisierung. Zu ihr gehört auch die Rechtsordnung, der »faktische Bestimmungsgrund realen menschlichen Handelns«, die eine unverzichtbare Komponente ist. Das aus der protestantischen Ethik entwickelte okzidentale Menschentum ist ein entscheidender Anstoß zur okzidentalen Rationalisierung. Weber betont hauptsächlich die Entwicklung des okzidentalen Menschentums. Daher behauptet Hennis, daß Webers Hauptthema der Prozeß der Rationalisierung der »praktischen Lebensführung« sei, und sein Interesse hauptsächlich in der »Entwicklung des Menschentums« liege[303]. Die aus der protestantischen Ethik entwickelten okzidentalen Menschen führen ein versachlichtes, systematisiertes Leben und handeln nach dem Zweck-Mittel-Schema, das die Freiheit hochschätzt und in dem jeder nach eigenen Interessen handelt. Die gesellschaftliche Rationalisierung besteht nicht in der Vernunft der Zwecke oder Normen, sondern darin, daß sie nach individuellen Interessen, auf rationale Weise, funktioniert. Das nach dem Zweck-Mittel-Schema handelnde, versachlichte Individuum ist eine Voraussetzung zur Institutionalisierung zweckrationalen Handelns. Weber versteht die Rationalität der sozialen Interaktion als Erweiterung der technischen Zweckrationalität im Sinne der Reziprozität von zweckrationalen Handlungen. Das Zweck-Mittel-Schema begründet die Mittelhandlung vom subjektiv antizipierten Zweck her. Das zweckorientierte Handeln ist subjektiv gemeintes Handeln, »das subjektiv streng rational orientierte Handeln nach Mitteln, welche (subjektiv) für eindeutig adäquat zur Erreichung von

302) S.552, RS I.
303) Hennis 1987.

(subjektiv) eindeutig und klar erfaßten Zwecken gehalten werden.«[304] Das subjektiv gemeinte Handeln ist der technische Freiheitsbegriff des Individuums, Freiheit als rationale Wahl von Mitteln bei gegebenem Zweck. Unter diesem Zweck-Mittel-Schema stellt man sich die Individualität, Freiheit und Autonomie des Handelns vor. Bei Weber ist das Zweck-Mittel-Handeln daher eine Startbedingung für den Rationalisierungsprozeß. Von hier aus kann man betrachten, daß die okzidentale Kultur durch eine definitive Subjektivierung aller Werte gekennzeichnet wird. Diese rationale Gesellschaft basiert nicht auf zwischenmenschlicher Verbindung, sondern auf subjektivem Handeln. Diese Gesellschaft wird zu einer jederzeit aufkündbaren Vertragsgesellschaft.[305]

Max Weber behauptet, die Entwicklung der gesellschaftlichen Rationalisierung im Okzident sei eine »Version der Versachlichungsthese«[306] in der »Entwicklung des okzidentalen Menschentums«. Die moderne Kultur ist, so Weber, eine versachlichte, entmenschlichte Kultur: »Die Eigenart der modernen Kultur, speziell ihres technisch-ökonomischen Unterbaues aber, verlangt gerade diese 'Berechenbarkeit' des Erfolges [...] Ihre spezifische, dem Kapitalismus willkommene Eigenart entwickelt sie um so vollkommener, je mehr sie sich 'entmenschlicht', je vollkommener, heißt hier, ihr die spezifische Eigenschaft, welche ihr als Tugend nachgerühmt wird, die Ausschaltung von Liebe, Haß und allen rein persönlichen, überhaupt aller irrationalen, dem Kalkül sich entziehenden, Empfindungselementen aus der Erledigung der Amtsgeschäfte gelingt. Statt des durch persönliche Anteilnahme, Gunst, Gnade, Dankbarkeit, bewegten Herrn der älteren Ordnungen verlangt eben die moderne Kultur für den äußeren Apparat, der sie stützt, je komplizierter und spezialisierter sie wird, desto mehr den

---

304) S.432, WL.

305) S.199, Hennis; Diskussionsbeitrag. In: Max Weber Ein Symposium. hrsg. von C.Gneuss u. J.Kocka. München 1988

306) S.80, Schluchter 1979.

menschlich unbeteiligten, daher streng 'sachlichen' Fachmann.«[307] Die Versachlichung des praktischen Lebens ist in den Augen Webers eine Voraussetzung der gesellschaftlichen Rationalisierung. Die Versachlichung der praktischen Lebensführung betrifft die transpersonale Struktur der Einrichtung, »im Sinne der strategischen Vergegenständlichung interpersonaler Beziehungen ist [sie] der einzig mögliche Weg zu einer rationalen Ablösung traditional eingelebter, konventionell geregelter Lebensverhältnisse.«[308] Zunehmende gesellschaftliche Rationalisierung heißt dann zunehmende Entpersönlichung und Verdinglichung der sozialen Strukturen und Institutionen. Versachlichung durch die innerweltlichen Ordnungen begünstigt das Vordringen zweckrationaler Institutionalisierung. Den Prozeß zunehmender Ersetzung der Persönlichkeit durch Unpersönlichkeit beschreibt Weber als einen Versachlichungsprozeß. Versachlichung bedeutet die Ausschaltung jeglicher Empfindungen: »ohne Ansehen der Person«, »ohne Haß und daher ohne Liebe«. Versachlichung interpersonaler Beziehungen bedeutet Verunpersönlichung der sozialen Beziehung, und Versachlichung des Lebens heißt, daß sich jeder Schritt des Lebens berechenbar, d.h. »maschinenmäßig« vollzieht. In der Versachlichung der Lebensführung ist die »Brüderlichkeit« verschwunden. Die protestantische Ethik hat nach Weber im sozialen Handeln die versachlichten Handlungsorientierungen ermöglicht. Aus der protestantischen Askese begründet er den »sachlich-unpersönlichen Charakter« zum Mitmenschen und zur Gesellschaft, und zwar »den eines Dienstes an der rationalen Gestaltung des uns umgebenden gesellschaftlichen Kosmos.«[309] Die protestantische Ethik ist also »eine monologische Gesinnungsethik mit unbrüderlichen Konsequenzen.«[310] Das Entwicklungspotential sieht Schluchter nicht mehr im Pietätsbegriff zwischenmenschlicher Beziehungen, sondern in derjenigen Ver-

---

307) S.563, WG.
308) S.311, Habermas 1988.
309) S.101, RS I.
310) S.251, Schluchter 1979.

sachlichung des Lebens, der das Individuum in einem sittlich neutralisierten Bereich kontinuierlich »in objektivierender Einstellung«[311] handeln kann. Weber unterstellt, daß Versachlichung, »ohne Haß und daher ohne Liebe«, der einzig mögliche Weg zu einer rationalen Ablösung traditional eingelebter, konventionell geregelter Lebensverhältnis ist, und damit zur gesellschaftlichen Rationalisierung ist.

2. Ein alternativer Weg zum Rationalisierungskonzept Max Webers

Das Rationalisierungkonzept Webers geht zu einseitig vom Individualismus aus. Im Zusammenhang mit dem ostasiatischen Entwicklungsgrad gesellschaftlicher Rationalisierung scheint es mir, daß Webers Rationalisierungskonzept von Anfang an unter einer Voraussetzung der okzidentalen Komponente angelegt ist: unter der Versachlichung des Menschentums durch die asketische Ethik des Protestantismus. Bei der gesellschaftlichen Rationalisierung Ostasiens ist es wahr, daß das soziale Handeln durch das okzidentale Rechtssystem zugelassen wurde. Jedoch ist das ostasiatische menschliche Handeln nicht so individualistisch, wie Weber für ein bestimmtes Niveau der gesellschaftlichen Rationalisierung fordert. Trotz der Entwicklung des rationalen Menschentums durch die asketische Ethik des Konfuzianismus und der Zulassung des sozialen Handelns durch den Anstoß des okzidentalen Rechts, ist das soziale Handeln in Ostasien noch kollektivistisch. Dieses Handeln bleibt auch noch in der Industriegesellschaft erhalten. Nach Weber gilt der Satz: Je rationalisierter man ist, desto individualisierter ist man. Das individualisierte Handeln muß

311) S.311, Habermas 1988.

von kollektivem Einfluß frei, »kühl« und »menschlichkeitsfremd« sein. Nach Weber sollte zur gesellschaftlichen Rationalisierung auch das Leben versachlicht sein, damit man ein freies, sachliches Handeln führt. In den Verbesserungen durch Berechenbarkeit auf wirtschaftlichem, staatlichem und rechtlichem Gebiet steht das versachlichte Individuum und der Verlust der »Brüderlichkeit« in Webers Augen.[312] Die das versachlichte Leben führenden Menschen handeln individualistisch nach dem Zweck-Mittel-Schema. Deswegen wollte Weber das Postulat des Vertrauens nicht von menschlichen Beziehungen, sondern von versachlichter Legalität abhängig machen. Gesellschaftliche Rationalisierung ist also das Resultat einer »Verunpersönlichung einer materialen Ethisierung.«[313] Das versachlichte Leben und die Unpersönlichkeit zwischenmenschlicher Beziehungen sind, wie schon oben angedeutet wurde, ein wichtiger Beitrag zur gesellschaftlichen Rationalisierung.

In der gesellschaftlichen Rationalisierung Ostasiens wirken individuelle und kollektive Tatbestände zusammen. Insbesondere die Wirtschaftsentwicklung in Ostasien, wie bei Berger dokumentiert[314], zeigt uns einige eindeutige Fallbeispiele eines Kapitalismus, der unter nicht nur individualistischen Kulturen gedeiht. Zur gesellschaftlichen Rationalisierung Ostasiens ist das soziale Handeln nicht strikt, wie im Okzident, nach dem Zweck-Mittel-Schema verlaufen. In diesem Zusammenhang hat Berger die Frage gestellt: »In welchem Maße ist es Ostasien gelungen, einzelne Staaten unter kapitalistischen Bedingungen zu modernisieren, ohne dabei auch gleichzeitig 'individualistischer' zu werden? [...] Es herrscht unter Experten weitgehende Übereinstimmung, daß Ostasien im allgemeinen und Japan im besonderen durch eine starke Gemeinschaftssolidarität gekennzeichnet ist und daher relativ resistent bleibt gegenüber den

312) In: Zwischenbetrachtung in RS I.
313) S.547, RS I.
314) S.237, Berger 1992.

Individuationsbestrebungen westlicher Prägung.«[315] Das kapitalistische Ostasien ist in der Tat individualisierter als die traditionelle konfuzianische Gemeinschaft. In den unpersönlichen Beziehungen des Erwerbslebens sind die Menschen nicht mehr nur der Tradition unterworfen. Das bedeutet, daß das ostasiatische soziale Handeln nicht strikt von dem traditionellen Kollektivismus abhängt, sondern auch auf einen von Tradition befreiten Individualismus angewiesen ist, jedoch keineswegs auf ein versachlichtes Individuum westlicher Prägung, das fest nach dem Zweck-Mittel-Schema handelt. Der Befreiungsprozeß des Menschen von der Tradition war in der Anfangsphase ein Prozeß der Auflösung traditioneller Strukturen. Jedoch steht die Entwicklung der gesellschaftlichen Rationalisierung Ostasiens noch stark im Zeichen konfuzianischen Handelns, das das »Ligaturen«-Handeln schätzt und die Individualität gering bewertet. Die gesellschaftliche Rationalisierung Ostasiens ist keine bloße Nachahmung der okzidentalen gesellschaftlichen Rationalisierung.

Die geringe Bewertung der Individualität in einer technisch-wirtschaftlich entwickelten Gesellschaft, kann nach Webers Rationalisierungskonzept eine ungewöhnliche Frage aufwerfen: Ist Webers Rationalisierungskonzept mit der traditionellen Form des Handelns kompatibel? Er betrachtet die konfuzianische Kultur als »organische« sozialethische Kultur. Die »organische Sozialethik«, welche »auf dem Boden der 'Brüderlichkeit'«[316] steht, ist mit der gesellschaftlichen Rationalisierung nicht vereinbar. Wenn zwischen den Anforderungen der Rationalität und der »Brüderlichkeit« große Spannungen entsteht, dann muß sich die Funktion des konfuzianischen Handelns, besonders das »Ligaturen«-Handeln im Konfuzianismus, verdeutlichen. Die gesellschaftliche Funktion der konfuzianischen Ethik ist dualistisch: Die innerliche-asketische Ethik, die zur Entwicklung des rationalen Menschentums beigetragen hat und das

315) S.233, Berger 1992.
316) S.551, RS I.

»Ligaturen«-Handeln, das zur ostasiatischen Rationalisierung abweichend von dem Rationalisierungskonzept Webers beigetragen hat. Ein alternativer Weg zu Webers Rationalisierungskonzept liegt darin, daß die Gesellschaft nicht nur im Zweck-Mittel-Schema rationalisiert werden kann, sondern auch, was ich betonen möchte, in den Verhältnissen der »Brüderlichkeit«. Die konfuzianische »Brüderlichkeit« ist keine Unpersönlichkeit. Sie ist nicht instrumental und nicht technisch. Die ethische Rationalisierung des Konfuzianismus konzentriert sich weniger auf das asketische Menschentum und die bewußte Lebensführung, sondern eher auf die »Ligaturen«, auf die menschlichen Beziehungen der konkreten Personen: auf Familienmitglieder, Sippengenossen, Freunde, Lehrer und Vorgesetzte. Jedoch scheint die ostasiatische Rationalisierung das Rationalisierungskonzept von Weber nicht zu ignorieren. Im Gegenteil: Es muß beantwortet werden, wie die ostasiatische Gesellschaft mit ihrem kollektivistischen Handeln die gesellschaftliche Rationalisierung durchgeführt hat.

»Rationalität als Zweckrationalität, damit zusammenhängende Bürokratisierung, Integration als Nationsbildung, Partizipation als zunehmende Massenbeteiligung (ungenau auch Mobilisierung, wobei Partzipation und Mobilisierung oft gleichlautend gebraucht werden), Konkurrenz und Pluralismus sind die meistgebrauchten Merkzeichen einer auf Modernisierung zulaufenden Entwicklung.«[317] Die Phänomene -Partizipation als zunehmende Massenbeteiligung, Konkurrenz und Pluralismus- bedeuten eine zweckrational orientierte gesellschaftliche Entwicklung unter dem versachlichten Menschentum. Weber identifiziert diese auf eine Modernisierung zulaufende Entwicklung als unbrüderliche Entwicklung nach dem Zweck-Mittel-Schema. Dagegen wird die Ethik der »Ligaturen« oder der »Brüderlichkeit« als eine nicht zum versachlichten Leben führende Ethik qualifiziert, nicht als Qualifikation zu einer systematisierten Ethik. Weber quali-

317) S.157, Narr 1969.

fiziert die Ethik der »Brüderlichkeit« als ein nichtweltliches Wertsystem. Er zieht den Schluß, daß Rationalität mit »Brüderlichkeit« nicht zu vereinbaren ist. Die gesellschaftliche Rationalisierung wird nur durch eine definitive Subjektivierung aller Werte gekennzeichnet. Trotz Webers pessimistischer Sicht der »Brüderlichkeit« existiert die ostasiatische gesellschaftliche Rationalisierung unter dem Zeichen der »Brüderlichkeit« weiter. Es wird oft gesagt, daß sich das konfuzianische Gesellschaftssystem zu der »wohl erfolgreichen Sozialordnung in der Menschheitsgeschichte«[318] entfaltete. Wenn die erfolgreiche Sozialordnung, wie Zapf schreibt, über »einen eigenständigen (ost-)asiatischen Weg der Modernisierung« führt, dann ist hier zu erläutern, wie die ostasiatische »Brüderlichkeit« oder das konfuzianische Handeln die Gesellschaftsrationalisierung in Ostasien betreibt. Im Konfuzianismus sind andere, von der okzidentalen Kultur verschiedene kulturelle Elemente zu finden, und zwar »Brüderlichkeit«, »Ligaturen«, »Asiatische Werte«, oder »konfuzianische Menschenliebe«, die im gleichen Begriff verschieden ausgedrückt sind. Die »Brüderlichkeit« ist eine konfuzianische Eigenschaft und funktioniert in der konfuzianischen Gesellschaft als unverzichtbares Element der Systematisierung der ostasiatischen Gesellschaft. Im Verlauf der gesellschaftlichen Rationalisierung funktioniert sie nicht nur antipodisch. »Brüderlichkeit« im Konfuzianismus war eigentlich eine familiäre Tugend, jedoch bedeutet sie nicht nur eine Konsolidierung der zwischenmenschlichen Beziehungen innerhalb der Familie, sondern auch innerhalb größerer Gruppen außerhalb der Familie.

In der gesellschaftlichen Rationalisierung besteht die Herrschaft als eine »Weltherrschaft der Unbrüderlichkeit.«[319] Weber hält im Ausgangspunkt seiner Analyse der Gesellschaft das gleichzeitige Bestehen von Unpersönlichkeit und einer Systematisierung der

318) S.232, Weggel 1980.
319) S.571, RS I.

»Brüderlichkeit« für unmöglich. Er führt die verspätete Rationalisierung in Deutschland auf die spezifisch empfundende »Gemütlichkeit« und »Natürlichkeit« des Luthertums zurück.[320] »Die große Leistung der ethischen Religion, vor allem der ethischen und asketischen Sekten des Protestantismus war die Durchbrechung des Sippenbandes, die Konstituierung der Überlegenheit der Glaubens- und ethischen Lebensführungsgemeinschaft gegenüber der Blutsgemeinschaft, in starkem Maße selbst gegenüber der Familie.«[321] In der gesellschaftlichen Rationalisierung Ostasiens ist aber die »Brüderlichkeit«, trotz mehr oder weniger Spannungen, als eine Komponente nicht ausgeschlossen.[322] Mit der Tatsache, daß die ostasiatische Rationalisierung die »Brüderlichkeit« nicht ausschließt, kommt eine Frage auf, nämlich wie sich mit der »Brüderlichkeit« das ostasiatische soziale Handeln erklärt. Das mit der »Brüderlichkeit« verbundene Handeln ist eigentlich traditionales Handeln: »durch eingelebte Gewohnheit.«[323] Das traditionale Verhalten ist also »sehr oft nur ein dumpfes, in die Richtung der einmal eingelebten Einstellung ablaufendes Reagieren auf gewohnte Reize. Die Masse alles eingelebten Alltagshandelns nährt sich diesem Typus, der nicht nur als Grenzfall in die Systematik gehört, sondern auch deshalb, weil ([...]) die Bindung an das Gewohnte in verschiedenem Grade und Sinne bewußt aufrecht erhalten werden kann.«[324] Die konfuzianische »Brüderlichkeit« oder das »Ligaturen«-Handeln sind nicht nur »eingelebte Gewohnheiten«, kein »Reagieren auf gewohnte Reize«, sondern die Systematisierung der

---

320) » [...] und was Deutsche an dieser letzteren regelmäßig als Enge, Unfreiheit und innerliche Gebundenheit zu befremden pflegt -das sind Gegensätze der Lebensführung, welche ganz wesentlich auch jener geringeren asketischen Durchdringung des Lebens durch das Luthertum im Gegensatz zum Calvinismus entstammen.« (S.127, RS I.)

321) S.523, RS I.

322) Vgl. S.129f, Leuenberger 1975; S.72, Zapf 1996; S.200, Nakane 1985.

323) S.12, WG.

324) S.12, WG.

methodischen Lebensführung. Weber sieht diese Systematisierung als einen Bestandteil der gesellschaftlichen Rationalisierung an. Systematisierung als »Disziplinierung« und »Methodisierung« der alltäglichen Lebensführung gehen der »Entwicklung des Menschentums« voraus. Der Calvinismus hat eine versachlichte, systematisierte Lebensführung verlangt. Die Systematisierung der ethischen Lebensführung, die wie der Gott des Calvinismus »von den Seinigen nicht einzelne 'gute Werke', sondern eine zum System gesteigerte Werkheiligkeit [verlangte]«[325], führt zu einer planmäßigen Reglementierung des Lebens. Jedoch ist die rationale Lebensführung des Calvinismus von der Brüderlichkeitsethik weit entfernt. Die Tatsache, daß in der gesellschaftlichen Rationalisierung Ostasiens die »Brüderlichkeit« nicht ausgeschlossen ist, liefert eine Chance, daß die Gesellschaft nicht strikt nach Zweck-Mittel-Schema rationalisiert werden muß. Die »Brüderlichkeit« in der protestantischen Ethik ist nicht von einem »dünnen Mantel«, den man jederzeit abwerfen konnte, zu einem »stahlharten Gehäuse« geworden. Die Brüderlichkeitsethik im Okzident ist entwickelt in einer »neuen sozialen Gemeinschaft«, die von Prophetie geschaffen ist, »unter mindestens relativer Entwertung jener Beziehungen und unter Sprengung der magischen Gebundenheit und Exklusivität der Sippen.«[326] Die Brüderlichkeitsethik gilt darum in der okzidentalen Gesellschaft nur wie die »Binnenmoral der einfachen Reziprozität: 'wie du mir, so ich dir'.«[327] Von hier aus wird bei Weber die brüderlichkeitsbetonende konfuzianische Lebensmethodik als die okkasionalistische Abenteuerauffassung des Lebens verstanden. Die »Brüderlichkeit« des Konfuzianismus ist, anders als bei Weber, keine okkasionelle Ethik, sondern sublimierte systematisierte Ethik. Die »bewußte Sublimierung der Beziehungen des Menschen« bedeutet im Okzident eine »gründliche Vernichtung der Unbefangenheit des 'status naturalis'«, in Ostasien

---

325) S.114, RS I.
326) S.542, RS I.
327) S.542, RS I.

dagegen, eine Systematisierung der »Unbefangenheit des 'status naturalis'«. Weil es in der konfuzianischen Kultur am formalen Recht fehlt, entfaltete sich die »Versachlichung der kreatürlichen Aufgaben«[328] nicht in Ostasien. Dagegen fordert die konfuzianische Sozialethik Hingabe an Beziehungen gegenüber »konkreten Personen.«[329] Es fehlte darum im Konfuzianismus an Individualität und konsequenterweise an der strikten Trennung der menschlichen Beziehungen zur Schätzung des »Ligaturen«-Handelns. Dies war ein Kritikpunkt Webers an der konfuzianischen Ethik. Infolgedessen gibt es keine Entwicklung der Rationalisierung aus der Sicht Webers. Dieser Kritikpunkt ist jedoch zu einseitig aus der okzidentalen Perspektive heraus entwickelt. Die »Brüderlichkeit« als »Unbefangenheit des 'status naturalis'« ist im Konfuzianismus zum gesellschaftlichen System sublimiert. Das vorkonfuzianische Leben war eigentlich ein »Kreislauf des natürlichen Lebens«, der sich von den Ahnen bis zur konkreten Gesellschaftsordnung erstreckte. Das konfuzianische Leben nach der Etablierung des Konfuzianismus war ein zum System gesteigertes Leben. Das System der Zusammengehörigkeit des Menschen wurde immer fester, wie die ethischen Grundlagen des Protestantismus von Weber, der »Plan- und Systemlosigkeit entkleidet und zu einer konsequenten Methode der ganzen Lebensführung«[330] ausgestaltet. Die »Brüderlichkeit« ist sublimiert und systematisiert als Ethik und als unverzichtbares soziales System der konfuzianischen Welt. »Brüderlichkeit« ist, eine Besonderheit der rationalen Gesellschaft Ostasiens im Unterschied zu der des Okzidents.

---

328) S.522, RS I.

329) In Ostasien, wie Max Weber schreibt, ist die sozial »machtvolle Prophetie« nicht bekannt und »niemals sind im Namen eines überweltlichen Gottes ethische 'Forderungen' durch Propheten gestellt worden.« (S.431, RS I) Infolgedessen, ist »die chinesische 'Seele' nie durch einen Propheten revolutioniert worden« (S.431, RS I).

330) S.115, RS I.

Teil IV

Fazit

Fazit

Im Rationalisierungskonzept Webers steht das soziale Handeln im Zeichen einer Systematisierung des Menschentums. Die Systematisierung des Menschentums durch die protestantische Ethik ist die »Weltabwendung« und »Weltbeherrschung«, die im eisigen Griff bestehen. Das heißt, daß die Institutionalisierung zweckrationalen Handelns nur von dem versachlichten Menschentum durch eine methodische Lebensführung reguliert wird und daß die Verdinglichung sozialer Strukturen keinen Platz für das Kollektiv bietet. Seit der »Entzauberung der Welt« ist gesellschaftliche Entwicklung die Entwicklung der Emanzipation des Menschen. Diese Emanzipation der Menschen bedeutet nicht »Menschenliebe« oder Solidarität zwischen Menschen, sondern lediglich die nach eigenen Zweck verlaufende Entpersönlichung. Je emanzipierter, desto menschlichkeitsfremder. Infolgedessen ist die rationale Gesellschaft dem versachlichten Mechanismus ausgesetzt. Es ist eine Paradoxie, daß die gesellschaftliche Entwicklung zu den Verhältnissen der versachlichten Organisation tendiert und das soziale Handeln in die »kalten Skeletenhänden rationaler Ordnung« treibt. Die gesellschaftliche Rationalisierung Ostasiens entwickelte sich bisher abweichend von der okzidentalen Rationalisierung. Zwar schätzt man hier die »Harmonie« oder »Menschenliebe« zwischen den Menschen sehr hoch, jedoch weist die ostasiatische Rationalisierung auch viele Probleme auf. Das Fundament der gesellschaftlichen Rationalisierung, das aus der »Brüderlichkeit« oder dem »Ligaturen«-Handeln besteht, ist jedoch sehr labil. Um die »Brüderlichkeit« in der gesellschaftlichen Rationalisierung funktionieren lassen zu wollen und das »Ligaturen«-Handeln nicht mehr bizarr auszusehen zu lassen, benötigt die ostasiatische Gesellschaftsstruktur eine noch stärkere Anwendung und Ausschöpfung des Rechtssystems als bisher.

Literaturverzeichnis

PE I : Weber, Max (1991): Die protestantische Ethik I -Eine Aufsatzsammlung- 8. Aufl. hrsg. von J. Winckelmann. Gütersloher

PE II: Weber, Max (1987): Die protestantische Ethik II -Eine Aufsatzsammlung- 5.Aufl. hrsg. von J. Winckelmann. Gütersloher

PS : Weber, Max (1988): Gesammelte Politische Schriften. 5.Aufl. hrsg. von J. Winckelmann Tübingen

RS I : Weber, Max (1988): Gesammelte Aufsätze zur Religionssoziologie I. 9. Aufl. Tübingen

WG : Weber, Max (1972): Wirtschaft und Gesellschaft. 5. Aufl. Tübingen

WL : Weber, Max (1988): Gesammelte Aufsätze zur Wissenschaftslehre. 7. Aufl. Tübingen

Abramowski, Günter (1966): Das Geschichtsbild Max Webers. -Universalgeschichte am Leitfaden des okzidentalen Rationalisierungsprozesses- Stuttgart

Bauer, Wolfgang (1974): China und die Hoffnung auf Glück. München

Bauman, Zygmunt (1995): Postmoderne Ethik. Hamburg

Bendix, Reinhard (1964): Max Weber - Das Werk. -Darstellung. Analyse. Ergebnisse.- München

Berger, Peter L. (1992): Die kapitalistische Revolution. Himberg.

Breuer, Stefan/Treiber, Hubert/Walther, Manfred (1982): Entstehungsbedingungen des modernen Anstaltsstaates. Überlegungen im Anschluß an Max Weber. In: Entstehung und Strukturwandel des Staates. hrsg. von Breuer/Treiber Opladen S.75-153

Breuer, Stefan (1984 a): Imperium und Rechtsordnung in China und Rom. In: Zur Rechtssoziologie Max Webers. hrsg. von Breuer/Treiber Opladen S.69-111

Breuer, Stefan (1984 b): Feudalismus und "Rechtsstaat" in Westeuropa und Japan. In: Zur Rechtssoziologie Max Webers. hrsg. von Breuer/Treiber Opladen S.112-151

Breuer, Stefan (1991): Max Webers Herrschaftssoziologie. Ff/M

Breuer, Stefan (1994): Bürokratie und Charisma. Zur politischen Soziologie Max Webers. Darmstadt

Bünger, Karl (1983): Das chinesische Rechtssystem und das Prinzip der Rechtsstaatlichkeit. In: Max Webers Studie über Konfuzianismus und Taoismus hrsg. von Wolfgang Schluchter Ff/M S.134-173

Dahrendorf, Ralf (1979): Lebenschancen. Ff/M

Diamond, Stanley/Narr, W.-D./Homann, Rolf (hrsg.) (1985): Bürokratie als Schicksal? Opladen

Döbert, Rainer (1989): Max Webers Handlungstheorie und die Ebenen des Rationalitätskomplexes. In: Max Weber heute. hrsg. von Johannes Weiß Ff/M S.210-249

Eberhard, Wolfram (1983): Die institutionelle Analyse des vormodernen China.-Eine Einschätzung von Max Webers Ansatz- In: Max Webers Studie über Konfuzianismus und Taoismus hrsg. von Wolfgang Schluchter. Ff/M S.55-90

Eberhard, Wolfram (1984): Über das Denken und fühlender Chinesen. München

Eisenstadt, S. N. (1970): Die protestantische Ethik und der Geist des Kapitalismus II. In: Kölner Zeitschrift für Soziologie und Sozialpsychologie. Bd.22(1970) S.265-299

Eisenstadt, S. N. (1979): Tradtion, Wandel und Modernität. Ff/M

Eisenstadt, S. N. (1982): Vergleichende Analyse der Staatenbildung in historischen Kontexten. In: Entstehung und Strukturwandel des Staates. hrsg. Breuer/Treiber. Opladen S.36-74

Eisenstadt, S. N. (1983): Innerweltliche Transzendenz und die Strukturierung der Welt. Max Webers Studie über China und die Gestalt der chinesischen Zivilisation. In: Max Webers Studie über Konfuzianismus und Taoismus hrsg. von Wolfgang Schluchter. Ff/M S.363-411

Eisenstadt, S. N. (1990): Über die Beziehung zwischen Konfuzianismus, Entwicklung und Modernisierung. In: Konfuzianismus und die Modernisierung Chinas. hrsg. S.Krieger/R.Trauzettel Mainz S.444-450

Eisenstadt, S. N. (1995): Japan und die Vielfalt kultureller Programme der Moderne. In: Prokla 25 Jg.(1995) S.503-520

Fung, Yu-lan (1952): A History of Chinese Philosophy. Princeton

Gneuss, Christian/Kocka, Jürgen(Hrsg.) (1988): Max Weber. Ein Symposion. München.

Granet, Marcel (1985 a): Die chinesische Zivilisation. -Familie. Gesellschaft.Herrschaft. Von den Anfängen bis zur Kaiserzeit- Ff/M

Granet, Marcel (1985 b): Das chinesische Denken. Ff/M

Grimm, Tilemann (1976): Meister Kung. -Zur Geschichte der Wirkungen des Konfuzius- Opladen

Habermas, Jürgen (1988): Theorie des kommunikativen Handelns Band I -Handlungsrationalität und gesellschaftliche Rationalisierung- Ff/M

Hennis, Wilhelm (1987): Max Webers Fragestellung. Tübingen

Hwang, Byung-Duck (1989): Nachholende Industrialisierung und autoritärer Staat. -Das Beispiel Südkorea: Politik, Ideologie und weltmarkorientierter Kapitalismus. Berlin. Diss.

Ilting, Karl-Heinz: Naturrecht. In: Geschichtliche Grundbegriffe. Historisches Lexikon. hrsg. von O.Brunner u.a. Stuttgart 1978, S.245-313

Kalberg, Stephen (1981): Max Webers Typen der Rationalität. Grundsteine für die Analyse von Rationalisierungs- Prozessen in der Geschichte. In: Max Weber und die Rationalisierung sozialen Handelns. hrsg. von Sprondel/Seyfarth. Stuttgart S.9-38

Käsler, Kirk (1979): Einführung in das Studium Max Webers. München

Landshut, Siegfried (1969): Kritik der Soziologie und andere Schriften zur Politik. Berlin

Leimbigler, Peter (1976): Der Begriff Li als Grundlage des politischen Denkens in China. In: China -Kultur, Politik und Wirtschaft-. hrsg. von H.Link/P.Leimbigler/W.Kubin Bochum S.199-209

Lepius, M.Rainer (1977): Soziologische Theoreme über die Sozialstruktur der "Moderne" und die "Modernisierung". In: Studien zum Beginn der modernen Welt. hrsg. von R.Koselleck. Stuttgart S.10-29

Leuenberger, Theodor (1975): Bürokratisierung und Modernisierung der Gesellschaft. Bern/Stuttgart

Lindner, Clausjohann (1986): Max Weber als Handlungstheoretiker. In: Zeitschrift für Soziologie Jg.15(1986) S.151-166

Löwith, Karl (1960): Gesammelte Abhandlung. -Zur Kritik der geschichtlichen Existenz- Stuttgart

Löwith, Karl (1966): Vorträge und Abhandlungen. -Zur Kritik der christlichen Überlieferung- Stuttgart/Berlin/Köln

Luhmann, Niklas (1964): Zweck-Herrschaft-System. Grundbegriffe und Prämissen Max Webers. In: Der Staat Bd.3(1964) S.129-158

Morishima, Michio (1985): Warum Japan so erfolgreich ist. -Westliche Technologie und japanisches Ethos- München

Nakane, Chie (1985): Die Struktur der japanischen Gesellschaft. Ff/M

Narr, Wolf-Dieter (1969): Theoriebegriffe und Systemtheorie Suttgart/Berlin/Mainz

Narr, Wolf-Dieter (1979): Hin zu einer Gesellschaft bedingter Reflexe. In: Stichworte zur Geistigen Situation der Zeit. hrsg. von J.Habermas Ff/M S.489-528

Narr, Wolf-Dieter (1994 a): Recht-Demokratie-Weltgesellschaft. -Überlegung anläßlich der rechtstheoretischen Werke von Jürgen Habermas und Niklas Luhmann(Teil 1)- In: Prokla Jg.24(1994) S.87-112

Narr, Wolf-Dieter (1994 b): Recht-Demokratie-Weltgesellschaft. -Habermas, Luhmann und das systematische Versäumnis ihrer großen Theorien (Teil 2)- In: Prokla Jg.24(1994) S.324-344

Needham, Joseph (1979): Wissenschaftlicher Universalismus. -Über Bedeutung und Besonderheit der chinesischen Wissenschaft- Ff/M

Nelson, Benjamin (1986): Der Ursprung der Moderne. Ff/M

Opitz, Peter J. (1990): Konfuzius. In: Konfuzianismus und die Modernisierung Chinas. hrsg. von S.Krieger/R.Trauzettel Mainz S.506-534

Park, Kyung-Kyu (1983): Führungsverhalten in unterschiedlichen Kulturen. Manheim. Diss.

Rehberg, K.-S. (1979): Rationales Handeln als grossbürgerliches Aktionsmodell. -Thesen zu einigen handlungstheoretischen Implikationen der "Soziologischen Grundbegriffe" Weber- In: Kölner Zeitschrift für Soziologie und Sozialpsychologie. Bd.31 S.199-236

Schluchter, Wolfgang (1979): Die Entwicklung des okzidentalen Rationalismus. Tübingen

Schluchter, Wolfgang (1980): Rationalismus der Weltbeherrschung. -Studien zu Max Weber- Ff/M

Schluchter, Wolfgang (1985): Aspekte bürokratischer Herrschaft. Ff/M

Schwinn, Thomas (1993): Max Webers Konzeption des Mikro-Makro-Problems. In: Kölner Zeitschrift für Soziologie und Sozialpsychologie. Bd.45 (1993) S.220-237

Senghaas, Dieter (1995): Über asiatische und andere Werte. In: Leviathan Jg.23(1995) S.5-12

Song, Du-Yul (1987): Aufklärung und Emanzipation. -Die Bedeutung der asiatischen Welt bei Hegel, Marx und Max Weber- Berlin

Song, Yong-bae (1983): Konfuzianismus, Konfuzianische Gesellschaft und die Sinisierung des Marxismus. Ff/M Diss.

Tai, Tong-schung (1969): Der chinesische Legalismus (Fa Chia) unter besonderer Berücksichtigung seiner rechtspositivistischen Elemente. Mainz Diss.

Tenbruck, Friedrich H. (1975): Das Werk Max Webers. In: Kölner Zeitschrift für Soziologie und Sozialpsychologie. Bd.27(1975) S.663-702

Treiber, Hubert (1984): "Wahlverwandtschaften" zwischen Webers Religions- und Rechts-soziologie. In: Zur Rechtssoziologie Max Webers hrsg. von Breuer und Treiber. Opladen S.6-68

Trubek, David M. (1984): Max Weber über das Recht und die Entstehung des Kapitalismus. In: Zur Rechtssoziologie Max Webers hrsg. von Breuer und Treiber. S.152-198

Tu, Wei-Ming (1990): Der industrielle Aufstieg Ost-asiens aus konfuzianischer Sicht. In: Konfuzianismus und die Modernisierung Chinas. hrsg. von S.Krieger/R.Trauzettel. Mainz S.41-56

Ulrich, Peter (1987): Transformation der ökonomischen Vernunft. -Fortschrittsperspektiven der modernen Industriegesellschaft- Bern/Stuttgart

Weede, Erich (1988): Der Sonderweg des Westens. In: Zeitschrift für Soziologie Jg.17 (1988) S.172-186

Weggel, Oskar (1980): Chinesische Rechtsgeschichte. Leiden-Köln

Weggel, Oskar (1990): Zwischen Marxismus und Metakonfuzianismus: China auf dem Weg zur »Renormalisierung«. In: Konfuzianismus und die Modernisierung Chinas. hrsg. von S.Krieger/R.Trauzettel. Mainz S.490-505

Weiß, Johannes (1989): Zur Einführung. In: Max Weber heute. -Erträge und Probleme der Forschung- Ff/M S.7-28

Weiß, Johannes (1991): Max Weber: Die Entzauberung der Welt. In: Grundprobleme der großen Philosophen. hrsg. von Josef Speck. Göttingen S.9-47

Winckelmann, Johannes (1952): Legitimität und Legalität -In Max Webers Herrschaftssoziologie- Tübingen

Zapf, Wolfgang (1996): Die Modernisierungstheorie und unterschiedliche Pfade der gesellschaftlichen Entwicklung. In: Leviathan Jg.24 (1996) S.63-77

Zingerle, Arnold (1972): Max Weber und China. Herrschafts- und religionssoziologische Grundlagen zum Wandel der chinesischen Gesellschaft. Berlin

Kolibri 360 GmbH
Ferdinand-Jühlke-Straße 7
99095 Erfurt, Deutschland
produktsicherheit@kolibri360.de

Druck:
CPI Druckdienstleistungen GmbH
im Auftrag der
Kolibri 360 GmbH
Ferdinand-Jühlke-Str. 7
99095 Erfurt